MECHTHILD VON HACKEBORN
DAS BUCH VOM STRÖMENDEN LOB

CHRISTLICHE MEISTER

31

MECHTHILD VON HACKEBORN

DAS BUCH VOM STRÖMENDEN LOB

AUSWAHL
ÜBERSETZUNG UND EINFÜHRUNG
VON
HANS URS VON BALTHASAR

JOHANNES VERLAG

3. Auflage 1993
Alle Rechte vorbehalten
© Johannes Verlag Einsiedeln
Freiburg im Breisgau
Druck: S.GB, Schwanau
ISBN 3 89411 177 1

INHALT

—

EINFÜHRUNG

7

DREIFALTIGES LOB

19

DAS WANDLUNGSWUNDER DER LIEBE

35

DES CHRISTEN HEILIGE LAST

55

DIE OFFENE HOFFNUNG

81

NACHWORT

92

EINFÜHRUNG

Unter den großen Gestalten der kirchlichen Überlieferung gibt es wenige, die so vornehm und leuchtend wirken wie die adelige Zisterzienserin Mechthild von Hackeborn. Schwester der Äbtissin Gertrud, Freundin und Vertraute der hl. Gertrud der Großen, Hausgenossin der erstaunlichen Begine Mechthild von Magdeburg, die, um dreißig Jahre älter, in Helfta Aufnahme gefunden hatte, lebte sie, im dichtesten Kräftefeld erhabener Sendungen, doch ganz ihrem eigenen Auftrag, den sie in unnachahmlicher Reinheit zur Darstellung gebracht hat.

Um so befremdlicher ist es, daß, nach anfänglich starker Beachtung (neun Ausgaben allein im 16. Jahrhundert), ihr Einfluß zurückgeht, bis er gänzlich hinter dem populär gewordenen Gertrudenbuch, dessen gleichwertiges Seitenstück Mechthilds «Buch besonderer Gnade» ist, entschwindet: in den bald achtzig Jahren seit der kritischen Ausgabe durch die Benediktiner von Solesmes[1] ist nicht eine einzige ernsthafte Studie über Mechthild erschienen. Nichts als eine gute französische[2] und eine ordentliche, öfter flüchtige deutsche Übersetzung[3], beide kaum noch findbar, ein paar oberflächliche Hinweise in der Geschichte der «Herz-Jesu-Verehrung des deutschen Mittelalters» von Carl Richstätter S. J.[4], ein paar kurze einleitende Bemerkungen in Otto Karrers Textsamm-

---

[1] Revelationes Gertrudianae et Mechthildianae I–II (Oudin, Paris u. Poitiers, 1877) Mechthilds Buch im 2. Band S. 1–442.

[2] Le Livre de la Grâce spéciale. Révélations de sainte Mechthilde, trad. de Solesmes (Oudin, Paris u. Poitiers 1888).

[3] Leben und Offenbarungen der hl. Mechthildis und der Schwester Mechthildis von Magdeburg. Herausgegeben von J. Müller, 2 Bde. (Manz, Regensburg 1880. Mechthild von Hackeborns Buch füllt den 1. Bd.).

[4] Paderborn, Bonifaciusdruckerei 1919. 2. Aufl. 1924. Vgl. auch A. Hamon, Histoire de la dévotion au S. Cœur (Paris 1935) II, 125 f.

lung «Die große Glut»[1], die von andern kopiert werden[2], ein paar kurze biographische Notizen[3], sonst nichts. Wie erklärt sich dieses Vakuum? Wohl einfach so, daß für Germanisten und Erforscher der sogenannten deutschen Mystik ein Text, der, auch wenn er ursprünglich deutsch vorgelegen hat (wenigstens deutsch gesprochen wurde), nur lateinisch überliefert ist, nicht existiert – man vergleiche etwa Denifles «Geistliches Leben» (9. Aufl. 1935) –, während anderseits die Theologen an der Geschichte der Spiritualität noch immer wenig Interesse verraten[4].

Es ist nicht die Aufgabe dieser kleinen Textauswahl, die Theologie Mechthilds zu erforschen und darzustellen. Es muß, dem Ziel der Sammlung entsprechend, hier genug sein, deren allgemeinsten Umrisse aufscheinen, die Hauptthemen anklingen zu lassen. Das Bändchen kann lediglich ein erster Hinweis auf den hier sprudelnden reichen und reinen Quell sein.

*

Mechthild aus dem Geschlecht der Edlen von Hackeborn bei Halberstadt wurde 1241 geboren. Siebenjährig machte sie bei den Zisterzienserinnen von Rodersdorf (einer Gründung Burckhards von Mansfeld, die 1234

---

[1] München, Ars Sacra 1926, 203–216. Die Textauswahl trifft nicht die für Mechthild charakteristischen Themen. – Vgl. Gertrudenbüchlein. Gebete der hl. Gertrud und der beiden Mechthilden, aus den Quellen gesammelt und eingeleitet von O. Karrer, Ars Sacra 1929.

[2] Anne Marie Heiler, Mystik deutscher Frauen im Mittelalter (Berlin 1929).

[3] ADB XXI, 156–8; Michael, Gesch. d. dt. Volkes III, 176–81; Petrusblatt. Kath. Kirchenblatt f. d. Bistum Berlin 50 (1950) Heft 8, S. 5. Zu den Lebensdaten: Phil. Strauch; Mechthild v. Hackeborn, ZfdA Bd. 27 (1883) 376–381.

[4] Man könnte sich geradezu denken, daß, wenn einmal der neuplatonische und scholastische Anteil in der Begrifflichkeit Eckharts, Seuses und Taulers genügend erkannt worden ist, Helfta und Bingen in den Mittelpunkt der «deutschen Mystik» treten könnten – falls diese Wortverbindung überhaupt wesentlich mehr als geographischen Sinn hat.

dorthin verlegt worden war) mit ihrer Mutter zusammen einen Besuch. Das Mädchen begehrte heftig, zu bleiben, was ihr schließlich gewährt wurde. Ihre ältere leibliche Schwester Gertrud war dort bereits Nonne; sie sollte 1251 nach dem Tode der ersten Äbtissin Kunigunde von Halberstadt, als Neunzehnjährige, für einundvierzig Jahre die Leitung des Klosters übernehmen, das 1258 nach Helpede (Helfta) verlegt wurde. Aus dem frühen Eintritt in die Klosterschule hat man gewöhnlich geschlossen, daß Mechthild eine der Welt unkundige und verschlossene, ausschließlich klösterlich gebildete Frau gewesen sein müsse. Ihre Schriften bestätigen dieses Bild nicht, vielmehr das einer reifen, sehr fraulichen und im tiefsten wissenden Person, die im vollen Bewußtsein dessen, was die Werte der Welt sind, ihnen Gott vorzieht und mit ihrer ganzen reichen und entfalteten Natur, aber ohne eine Spur von unlauterer Sublimierung, durchsichtigen, demütigen Herzens ihm entgegengeht. Man darf annehmen, daß das siebenjährige Kind in die Klosterschule, nicht in das eigentliche Kloster aufgenommen worden ist, und daß Mechthild später und gewiß nach wiederholtem Verweilen in der Familie, sich zum Ordensleben entschlossen hat. Der Welt im großen, allen Leidenden und Suchenden in ihr, war ihr Gebet und ihre Liebe immer offen zugewendet.

In der Schule benediktinischer Prägung entfaltet sich bei Mechthild in einem klassischen Gleichgewicht der Sinn für zwei Dinge: für das objektive Lob Gottes, die gemeinsame Liturgie in der Kirche, und für persönliches Betrachten und Leiden in der Zelle, was aber für sie immer nur die selbstverständliche, unbetonte Ergänzung des kirchlichen Lobgebets war: Wahrheit der Laus Dei in der innersten Existenz. Vielleicht hat zwischen Benedikt und Ignatius niemand so ausschließlich und folgerichtig den Gedanken des Gotteslobes als Sinn christlichen Daseins verstanden. Alles ist ihr Liturgie, aber nicht im Sinn einer überspannten, unnatürlichen Feierlichkeit; sie ist frisch und spontan, hell und demütig; sie reflektiert nicht über ihre Zustände und Gesichte, sondern versteht sie wie alles andere als einen ihr aufgetragenen Teil ihrer Lobessendung.

Mechthild erhält jene sorgfältige Bildung, auf die ihre Schwester als Äbtissin den höchsten Wert legte; auf Grund ihrer Musikalität und ihrer vorzüglichen Stimme wird sie Vorsängerin im Chor; zugleich übernimmt sie die Leitung der Klosterschule. 1261 wird ihr als junge Schülerin eine fünfjährige neue Gertrud anvertraut, die, unter Mechthilds Aufsicht und ihr in tiefster Freundschaft verbunden, zur heiligen Großen heranwachsen sollte. 1270 findet endlich die betagte, achtundfünfzigjährige Magdeburgerin nach vielen Verfolgungen und Verkennungen im Kloster Einlaß; von den Jungen bewundert und ihnen vielleicht doch etwas fremd, ein übergewichtiger Gegenpol gegen die beiden Vertrauten und innig Verständigten, auf die jedoch die gewaltige lyrische Kraft der Älteren keinen nachweisbaren, vor allem keinen ablenkenden, störenden Einfluß ausgeübt hat. Mechthilds Weg geht unbeirrt weiter; die schon früh anhebenden mystischen Gnaden falten sich langsam auseinander und gewinnen an Tiefe; immer in Verbindung mit dem Gotteslob der Kirche. Ihre Visionen bekommt sie großenteils während den kirchlichen Tagzeiten im Chor und während der heiligen Messe: das liturgische und sakramentale Geschehen erschließt sich ihr von innen; man sah sie im Chor, ohne aus der Ordnung zu treten, wie eine vom Geist ergriffene Prophetin hingerissen, mit erhobenen Armen die Psalmen singen; gelegentlich war die innere Last zu groß: sie brach im Chor zusammen. Alle großen Feste und Festzeiten werden von ihren Visionen umrankt; sie schaut in das Innere des Kirchenjahres und der sie belebenden Mysterien und Sakramente; sie schaut zuletzt in jene Mitte, aus der gerade die gottgeschöpfliche

Einheit der kirchlichen Mysterien entströmt: die Mittlerschaft Jesu Christi und jenes Geheimnis in ihm, worin sich die höchste Gottheit im tiefsten Tal des Fleisches verkörpert: das Herz. Gewiß ist die starke Betonung dieser Andacht bei Mechthild nicht zu übersehen; doch ist ihr Klang dem innerlich Lauschenden noch recht verschieden vom spätern in Paray le Monial: Herz ist ihr einerseits die metaphysische Mitte der Menschennatur als verleiblichter Geist und so der zentrale Ort der Leibwerdung des göttlichen Wortes («Cor Dei» sagt sie mit Vorliebe), anderseits wie für die ältere Tradition der Quellpunkt des liturgisch-sakramentalen Geschehens; alle personale Verehrung des Herzens geht ein und unter in diese kirchliche Objektivität. Natürlich war Mechthild zugleich ein kindlicher Mensch und besaß, wie ihre ganze Zeit, Freude am Ziselierten, am Nahen und Zählbaren; manche ihrer «Offenbarungen» gehen für unsern Geschmack in dieser Hinsicht zu weit. Aber ein anderes ist hier, wie noch genauer zu sagen sein wird, die Aufzeichnung mit der ihr eigenen Gesetzlichkeit, ein anderes der ursprünglich erfahrene Hinweis, der vielleicht in einer qualitativen Folge von Bildern und Einsichten bestanden haben mag: die Wunden des Herrn, die Strahlen, die von seinem Angesicht ausgehen und die verschiedenen Gattungen von Christen durchleuchten, die Tugenden seiner Mutter oder eines bestimmten Heiligen usf. Diese erfrischende Einfalt ist vom Geiste Helftas unzertrennlich, der nichts gemein hat mit dem «pneumatischen» Manierismus späterer Klöster des Ordens. Das ebenfalls einfältige Mechthildenbüchlein, das 1909 ein kranker Pfarrer herausgab[1], trifft hier unbedingt das Rechte: die drei zusammenweilenden Heiligen, meint er, erscheinen uns «wie Reliquien aus der

---

[1] Matthäus Widder: Geistliches Leben. Einige Lehrpunkte fürs geistliche Leben im Anschluß an das Leben und die Offenbarungen der hl. Mechthildis (Einsiedeln, Benziger 1909).

Zeit des Paradieses», «nichts an ihnen ist unnatürlich, abstoßend, überspannt; alles leicht, anziehend, alles übergossen von himmlischer Anmut, Zartheit und Jungfräulichkeit», «ein Glanz liegt auf ihren Gestalten, ihrem Leben, ihren Schicksalen, ihren Schriften und ihrem Sterben, und macht sie uns teuer wie Sterne, Blumen und Kinder».

Während das Buch der Magdeburgerin fast fertig war, als sie in Helfta eintrat, hatte die Hackebornerin damals den Mund noch nicht aufgetan, die ihr zuteil gewordenen Gesichte zu sagen. Immerwährendes Siechtum und ein ständiges Kopfweh hatten diese Gesichte schon lange begleitet; als aber Mechthild ihr fünfzigstes Jahr erreichte, steigerten sich im Advent ihre Leiden zu schwerer Krankheit, während gleichzeitig die Äbtissin, ihre Schwester, tödlich erkrankte. Mechthild konnte sie anfänglich noch besuchen, bald nicht mehr; Gertrud starb, ohne daß sie ihr leiblich beistehen konnte. Acht Jahre währte das Leiden, als deren schwerstes ihr vorkam, daß sie das Chorgebet nicht mehr oder nur selten mitmachen konnte und daß sie ihren Mitschwestern die Last der Pflege aufbürden mußte. Von dieser Zeit an begann sie von ihren Offenbarungen zu erzählen, und zwei ihrer Ordensschwestern, deren eine zweifellos die hl. Gertrud war, schrieben heimlich, ohne der Seherin Wissen, sieben Jahre lang das Berichtete nieder, bis ihr, wie nebenbei, der Herr selbst in einer Vision von dem Buch sprach. Sie erschrak; er tröstete und beruhigte sie. Sie konnte ihren Schwestern das Aussehen des Buches schildern, ohne es je erblickt zu haben. Nun lasen sie es ihr vor; sie erkannte darin nicht sich, sondern einzig die ihr geschenkte «besondere Gnade» und bestätigte die Richtigkeit des Inhalts. Die letzte Redaktion muß Gertrud besorgt haben; während in ihrem eigenen Buch viele Stellen von ihrer Verehrung für die Freundin zeugen, ist in deren Offenbarungen nirgends von Gertrud die Rede (nur von der

Äbtissin Gertrud, deren seliger Tod im 6. Buch geschildert wird).

In den Leidensjahren weiten sich die Horizonte der Schau. Das Lob Gottes wird bis in seine Urquellen zurück sichtbar: es hat seinen Ursprung im dreieinig strömenden Gott selbst, der sich in ewig gegenseitiger Liebe lobt, und der alle Kreatur mit den Wellen seines Lobes badet, um sie teilnehmen zu lassen an der gleichen Seligkeit selbstlosen Rühmens. Diese Bewegung, durch den menschgewordenen Sohn der Welt vermittelt, ist für Mechthilds Auge schlechthin ohne Grenzen. Sie strömt von dem für sie seligen Begriff der Prädestination durch die Erlösung hindurch bis in die Letzten Dinge, deren Geheimnissen sie in einer einzigen großen Hoffnung entgegensieht. Die Texte unseres letzten Teils, die von dieser Grenzenlosigkeit zeugen, sind besonders gewichtig, weil im Mittelalter besonders selten; gegenüber der Theologie augustinischer Überlieferung mit ihren schroffgezogenen eschatologischen Grenzen stehen sie in jener mystischen Tradition, die sich danebenhergehend ununterbrochen bis zur Botschaft von Lisieux hinziehen wird. Diesem groß-offenen Ausblick entspricht notwendig der nicht scholastisch die abstrakte Wesenheit herausarbeitende, sondern der biblisch-konkrete Glaubensbegriff, der als der gottgeforderte von der Hoffnung und der Liebe innerlich nicht trennbar ist und deswegen nur als eine Bewegung der Gesamtperson auf Gott als das Heil des Menschen und der Welt verstanden werden kann. (Man vergleiche Wendungen wie die in Text 71 gebrauchten: «mit gewisser Hoffnung sollst du glauben» [certa spe credere debes], daß ich dich nach deinem Tode aufnehme wie ein Vater seinen geliebten Sohn», oder die ganz theresianische Aussage: «Denn es ist unmöglich, daß ein Mensch das nicht gewinnt, woran er geglaubt und was er erhofft hat».) In diesen Perspektiven dürfen dann auch unerhörte kühne Worte fallen, denen man anspürt, daß sie, unerfindbar von Menschen, unmittelbar aus den heiligen Quellen des Wortes stammen: Worte von einer bezwingenden Schönheit (wie Text 34, oder in Text 50 das Wort über die Angst als Schaufel, oder in Text 52 der Satz über die Vergiftung des Leidens), von einer unheimlichen, an die Kühnheiten Luthers vorausgemahnenden Konsequenz (wie die Formulierung des admirabile commercium in Text 68).

Aber diese Blicke in Anfang und Ende des Lobes sind noch nicht die ganze Mechthild; es gehören hinzu die beiden Geheimnisse der Mitte, der Erlösung von der Sünde: Geheimnisse, die die Selige nicht in abstrakten Formeln zu verstehen bekommt, sondern in einer überwältigenden, am Menschen selbst erlebten Anschaulichkeit: es ist dies das Geheimnis der Rechtfertigung aus purer Gnade und das Geheimnis der zwischen Christus und dem Christen, aber dann auch zwischen den Christen als den Gliedern des mystischen Leibes Christi möglichen Stellvertretung, des Austauschs von persönlichsten geistigen Gütern, die, dem einen gehörig, plötzlich des andern werden, und dies nicht äußerlich bloß, forensisch und juristisch, sondern im Wesen. Man hat dem Mittelalter vorgeworfen, zu wenig Sinn für das reine Wunder der Rechtfertigung zu haben und den Akzent zu stark auf das Verdienst, auf die menschliche Mitwirkung oder das aus der erfolgten Rechtfertigung ermöglichte Werk der Liebe zu legen. Wie dem auch sei, bei Mechthild findet sich ein Gegengewicht. Hier ist das «Urerlebnis», immer neu und beinah ungläubig angestaunt und plötzlich leidenschaftlich bejaht und umfangen, das Erlebnis des eigenen uneinholbaren Versäumnisses, des Versagthabens, des hoffnungslosen Zurückbleibens, das angesichts des erlösenden Gottes unbegreiflich umschlägt in den Glauben an seine Erfüllung, seine Aufrundung und Ergänzung aller menschlichen Vergeblichkeit, und zwar in einem Überfluß, woraus jeder, auch der letzte Sünder, alles schöpfen darf, was er braucht. Mechthild kann sich hier nicht genugtun; man spürt, daß sie an dieser Stelle am innersten Punkt ihrer Sendung steht. Aber es ist diesem Punkte eigen, sofort und übergangslos in das andere Geheimnis sich zu verwandeln: das Mysterium der Communio Sanctorum, dem Gliedschaftsgeheimnis, als dem Mitverdienen, Miterlösen, Mitverstrahlen des ganzen eigenen Seins in die Gemeinschaft aller Menschen hinein.

Wohl umstehen die Selige als die konkreten Stellvertreter dieser Gemeinschaft zunächst ihre Ordensschwestern; sie hat einen sehr lebendigen Sinn für die klösterliche Kommunität. Aber diese erweitert sich sogleich um die vielen Bittsteller, die von außen her an die Klosterpforte drängen und Mechthild zu sehen begehren, denen sie Rat und Trost gibt, für die sie betet, die ihr als Lasten aufgebürdet bleiben. Und dahinter steht, sehr bewußt und gefühlt, die Kirche als ganze, die Menschheit als ganze, sogar die Natur als ganze (vgl. Text 20). Mechthild steht in dieser immer fortströmenden Bewegung als eine unaufhörlich Beschenkte und deshalb Schenken-müssende, und sie versteht ganz genau, daß gerade diese Einheit von Beschenktwerden und Schenken die Gnade selber ist und das Lob Gottes und das Abbild der Trinität in den Geschöpfen.

Aus all dem ergibt sich eine geistliche Welt von einer so wundersamen Süßigkeit, daß man das Wesen der christlichen Caritas mit Händen greifen zu können meint. Aber es ist eine ganz objektive, in den geschilderten Geheimnissen liegende Süße, die durch keinen subjektiven Überschwang verdunkelt wird. Alles durchherrscht das benediktinische Maß. Die christliche Wahrheit setzt sich durch ohne Hindernis menschlicher Reflexion. Sie ist ganz himmlisch und ganz irdisch zugleich. Mechthild kennt nicht die Steile der neuplatonischen Formeln Eckharts; sie lebt überhaupt nicht in der platonischen mystischen Tradition und kann auch nicht als eine Vorläuferin der klassischen spanischen Mystik gelten. Sie ist trinitarisch, christologisch und kirchlich; sie ist deshalb auch nicht weltabgewandt, sondern ruht ganz in der Inkarnation. Ein Text Bernhards, den die modernen Herausgeber Mechthilds einander abschreiben, steht denkbar weit von ihr entfernt: «Wenn die Seele in der Beschauung hingerissen und entzückt und von einem göttlichen Lichtstrahl schnell, wie von einem flüchtigen Blitze, erleuchtet wird, dann entstehen in ihr Bilder und Vorstellungen irdischer und rein menschlicher Dinge, die sich auf die ihr mitgeteilte Wahrheit beziehen und entweder als mystische Schatten und Schleier dienen, um diese Wahrheit zu mäßigen und erträglich zu machen, oder als geeignete Mittel, um sie andern soweit möglich zu ihrem Fortschritt zu erklären und beizubringen.» Nicht das Evangelium, sondern Plotin und ihm folgend Augustinus hatten von diesem «flüchtigen Augenblick» gesprochen, und in dessen Licht die leibliche Welt als bloßen Schatten, die körperlichen Zeichen als bloße Mittel geistigen Verstehens gedeutet. Für Mechthild nähert man sich Gott nicht durch Abstraktion von den Sinnen, sondern durch den Gebrauch aller Sinne zu Gott hin, in immer größerer Gleichgestaltung mit den Sinnen des Gottmenschen (Texte 41–42). Nicht «Vergeistigung» von der Welt weg, sondern Kommunion des geschaffenen mit dem ungeschaffenen Willen durch vollkommenes jungfräuliches Jawort ist der Weg. Aber Mechthild verkündet nicht deshalb eine übersteigerte Brautmystik; das Bild der Brautschaft steht biblisch eingeordnet neben den andern Bildern der Kindschaft und der Freundschaft (Text 46). Und nie läßt sie die Situation der Beichte hinter sich, das Bekenntnis eigener Ohnmacht und Sünde; aber stets ist ihr Beichtspiegel Christus der Herr, und zuletzt gar das Geheimnis der dreieinigen Liebe: ein neuer Beweis ihrer übernatürlichen Sachlichkeit (Text 47–49).

Wie bei den meisten Mystikern stellt sich auch bei

Mechthild das Problem der Redaktion. Daß eine solche stattgefunden hat, ist selbstverständlich und auch ohne weiteres sichtbar. Die Ähnlichkeit der Sprache, der Bilder, der Formeln mit dem Gertrudenbuch springt in die Augen. Es gibt einen übrigens höchst liebenswürdigen Helftaer Stil; eine bestimmte Einkleidung, die man aber mit einiger Leseübung leicht abgrenzen und wie eine Schutzhülle wegheben kann. Die Redaktorinnen (darunter Gertrud selber) verfügen über eine gewisse Wortgestalt und Formenwelt, die den gleichzeitigen Buchillustrationen genau entsprechen: zarte helle Farben, Gold, Blau und Rosa, frühlingshaftes Grün und reines Weiß, eine paradiesische Welt ohne Makel. Man wird dazu rechnen dürfen, daß die Kostbarkeit der Vision ausgedrückt wird durch die Kostbarkeit der in ihr geschauten Gegenstände: Gefäße sind immer aus Gold, Throne und Kronen mit den kostbarsten Edelsteinen besetzt, Gewänder sind ebenso ausgesucht wertvoll. Sogar die Geißel, die der Herr einmal drohend über der Büßerin schwingt, muß golden sein. Desgleichen sind oft die Einleitungs- und die (eine Moral zusammenfassenden) Schlußsätze deutliches Produkt der Redaktion, sowie auch die eingestreuten Bibelzitate. Aus dieser Einkleidung aber – und das allein ist wichtig – springt das entscheidende Bild mit einer solchen Ursprünglichkeit hervor, daß es unverkennbar von aller Herrichtung absticht. Man beachte auch, wie wenig Mechthild selbst an der sinnlichen Ausmalung interessiert ist; sie erwähnt etwaige Farben von Gewändern oder Gegenständen nur, um sofort die Bedeutung der Symbolik zu geben (in schroffem Gegensatz etwa zu Maria von Agreda oder zu Katharina von Emmerich). Auch darf nicht vergessen werden, daß die Redaktion und der darin liegende «Kommentar» nicht nur von Mechthild selbst gutgeheißen wurde, sondern von einer im Range Ebenbürtigen stammt, die nicht nur eigener Schau gewürdigt, sondern zweifellos am tiefsten in den Geist der verehrten

Lehrmeisterin eingedrungen ist und sich deshalb gehütet hat, fremde Züge in ihr Buch einzutragen.

Mechthild starb am 19. November 1299; sie wurde früh als Heilige verehrt und angerufen, und der Römische Stuhl hat gegen diese Verehrung (als Gedächtnistag gelten der 26. Februar sowie der Todestag) nie Einspruch erhoben. Das «Buch der besonderen Gnade» (dem wir für diese Ausgabe einen das Hauptgeheimnis kündenden neuen Titel verleihen, sowie wir auch den ausgewählten Stücken eigene Überschriften gaben) wurde sogleich als Vermächtnis einer Heiligen verstanden, rasch verbreitet und offenbar zunächst mehr gelesen als das Buch der hl. Gertrud. Helfta überlebte seine Blüte nicht lange; vierzig Jahre später wurde es vom unrechtmäßigen Bischof von Halberstadt, Albert von Braunschweig, verwüstet, dann mit dem 1348 errichteten Kloster Neu-Helfta vertauscht. Mechthilds Grab bleibt verschollen.

I

DREIFALTIGES LOB

DER QUELL

[1] In der Heiligen Nacht ehrte sie so viel sie vermochte die höchste Dreifaltigkeit mit ihrem Lobpreis. Da erblickte sie in der Entrückung des Geistes einen lebendigen Brunnen, glänzender als die Sonne, der, in sich selber und aus sich selber strömend, einen wundersamen Wohlgeruch von sich ausgehen ließ. Das Brunnenhaus war aufs gediegenste und kostbarste gearbeitet, und der Brunnen hatte sein Schöpfgefäß in sich selber; er trank sich selber, ohne Vermittlung eines menschlichen Werkes, und er teilte sich allen Wesen verschwenderisch mit. Im festgegründeten Brunnenhaus sah sie einen Hinweis auf die Allmacht des Vaters; im Schöpfgefäß einen solchen auf die ungeschaffene Weisheit des Sohnes Gottes, der sich seinem Wohlgefallen gemäß allen freiwillig hinverströmt, und sich jedem nach seinem Willen ausschenkt und mitteilt; die Süße des Wassers aber stellte dar die unsagbare Süßigkeit und Güte des Heiligen Geistes. Die herrliche Luft besagte, daß Gott das Leben aller Dinge ist, denn wie der Mensch nicht leben kann ohne Luft, so lebt keine Kreatur ohne Gott.

Im Umkreis des Brunnens, an seiner Fassung angebracht, waren sieben Säulen mit Kapitellen aus Saphir; zwischen ihnen flossen sieben Bäche hervor zu allen Heiligen hin: dergestalt, daß einer zu den Engeln, ein zweiter zu den Propheten, ein dritter zu den Aposteln, ein vierter zu den Martyrern, ein fünfter zu den Bekennern, ein sechster zu den Jungfrauen, ein siebter zu allen übrigen Heiligen sich ergoß. Sie alle, in allen Gütern ersättigt, hauchten einander wundersamen Wohlgeruch zu, den jeder mit ehrfürchtigem Eifer in sich sog. Das deutete an, daß die Heiligen ihre Freude und alle ihre in Gott besessenen Güter einander in strömender Hingabe mitteilen.

[2] Einmal sah sie den Herrn, von unaussprechlicher Klarheit umgeben... Da sprach sie zu ihm: «O herrlichster Geliebter, worin soll ich mich üben, daß es dir am angenehmsten sei?» Er erwiderte: «Im Lobpreis.» Und sie: «O so sag mir, wie ich dich würdig zu loben vermag.» Da lehrte sie der Herr drei Arten des Lobes und gleichsam drei Anläufe: «Lobe zuerst die Allmacht des Vaters, durch die er im Sohn und im Heiligen Geiste seinem Wollen gemäß wirkt, und deren Unermeßlichkeit kein Geschöpf im Himmel und auf Erden begreift. Lobe dann des Sohnes unerforschliche Weisheit, die er vollkommen mit dem Vater und dem Heiligen Geiste teilt, gemäß seinem Willen, die keinem Hindernis begegnet und die keine Kreatur zu ergründen vermag. Lobe endlich des Heiligen Geistes Güte, die er überschwenglich mit dem Vater und dem Sohne teilt, gemäß all seinem Wollen, und an der gleichfalls keine Kreatur je erschöpfend teilnehmen kann.»

LOBPREIS UND AUSSPENDUNG

[3] Am Fest der allzeit lobwürdigen Dreieinigkeit war sie im Gebet und fühlte den Wunsch, daß alle Heiligen, ja alle Kreatur die ehr- und lobwürdigste Dreieinigkeit für alle ihnen erwiesenen Wohltaten priesen und lobten. Da wurde sie plötzlich entrückt und bis zum Thron der Herrlichkeit geführt. Und sie sah die seligste Dreifaltigkeit selbst, in Gestalt eines lebendigen Quells, der anfangslos in sich selber strömte und alle Dinge in sich enthielt, der mit unendlicher Schönheit ausfließend dennoch in sich selber nicht gemindert wird, sondern unwandelbar verbleibend das All bewässert und zum Fruchttragen bringt. Die Seele aber, ganz aufgelöst in Liebe, ergoß sich in die Gottheit selbst hinein, diese aber strömte wiederum, unter unsäglichen Wonneschauern, in die Seele zurück.

In dieser Einigung vernahm sie unter andern auch folgende an sie gerichtete Worte: «Sieh, mit meiner Allmacht zusammen bist du allmächtig geworden, und wenn du alles willst, was ich will, so wirst du immer auf ewig meiner Allmacht geeint sein. Auch hat dich meine unerforschliche Weisheit an sich gezogen; wenn alle meine Werke und Urteile dir gefallen, dann wirst du auf immerdar meiner Weisheit geeint sein. Auch meine Liebe hat dich so durchdrungen und durchströmt, daß du mich nicht mehr mit deiner, sondern mit meiner eigenen Liebe liebst, und in dieser Einigung wirst du mir ewig anhangen.»

Als sie im Begriff war zu kommunizieren, ward ihr Geist mit solcher Freude erfüllt, daß sie selber darüber staunte und es nicht begriff. Da sprach der Herr: «Geh hin und kommuniziere deine Freude allen Heiligen.» So trat sie denn zuerst zur Jungfrau Maria, kommunizierte ihr ihre Freude und sprach: «O gnadenvolle Jungfrau, zur Mehrung all deiner Glorie kommuniziere ich dir die übergroße Freude meines Herzens.» Jene erwiderte ihr: «Und ich übergebe dir alle meine Freude, in der ich mich mehr als je ein Geschöpf auf Erden oder im Himmel gefreut habe.» Dann kommunizierte sie ihre Freude den Aposteln. Die sagten ihr: «Und wir geben dir alle Freude, die wir mit unserem milden Herrn und Meister erlebt haben, insbesondere da er uns vom Tode zu sich, dem ewigen Leben, rief.» Darauf den Martyrern, die zu ihr sprachen: «Und wir geben dir alle Freude, die wir im Feuer und im Eisen und in tausenderlei Toden aus Liebe zu ihm empfanden.» Als sie zu den Bekennern kam, sagten sie zu ihr: «Und wir teilen mit dir alle Freude, die wir je in Arbeit und Strenge des Ordens um der Liebe Christi willen gehabt haben.» Und als sie den Jungfrauen ihre Freude kommunizierte, sagten sie ihr: «Und wir schenken dir alle Freude, die wir durch besondere Bevorzugung in Gott unserem Bräutigam besitzen.»

LOB DER GEMEINSAMKEIT

[4] Sie begehrte Gott, der seine Liebhaber verherrlicht, in seinen Heiligen zu loben. Da belehrte der Herr sie huldvoll als seine hingegebene Schülerin. Er sprach: «Lobe in den Heiligen meine Güte. Ich habe sie mit solcher Seligkeit beschenkt, daß sie nicht allein in sich selber an allen Gütern überreich sind, sondern eines jeden Freude so sehr aus dem andern vermehrt wird, daß jeder an den Gütern des andern mehr Freude empfindet als je eine Mutter an der Erhöhung ihres einzigen Kindes, oder als ein Vater frohlocken kann über den Triumph und die Ehrung seines Sohnes. So besitzt also jeder die Vorzüge aller andern als seine eigenen in der fröhlichsten Liebe.»

SEHNSUCHT NACH LOB

[5] Während der Messe «Auf erhabenem Thron»[1] sah sie Jesus, den Herrn, als einen herrlichen Jüngling von zwölf Jahren wie einen König auf dem Altar sitzen und sprechen: «Ich bin hier gegenwärtig mit meiner ganzen Gottesmacht, um all eure Bekümmernisse zu heilen.» Sie aber überlegte in sich selber: O wenn doch er an meiner Statt Gott dem Vater ein volles Lob erstatten wollte: das wäre mir noch viel lieber! Da sprach der Herr: «Was ist denn der sehnliche Wunsch nach dem Lobpreis Gottes, wenn nicht eine Bekümmernis der Seele, daß sie Gott nicht nach ihrem Verlangen loben mag? Und sind nicht auch Sehnsucht, Andacht, Gebet und jede gute Regung der Seele zu irgendwelcher guten Verrichtung allesamt Bekümmernisse der Seele, die ich heile, indem ich das, was ihr fehlt, aus mir ergänze?»

[1] Introitus des Sonntags innerhalb der Dreikönigsoktav.

[6] Die Seele wünschte Gott in unaussprechlicher Weise zu loben. Sie bat Gott den Vater, er möge sich würdigen, sein eigenes allerhöchstes Lob zu werden, demgemäß, wie die selige Dreifaltigkeit sich selber gegenseitig auf das würdigste lobt und von sich gelobt wird. Der Herr wollte ihrem Begehren willfahren; er nahm das Herz der Seele in Gestalt eines dreiseitigen kristallenen Glases, mit Gold und Edelsteinen geschmückt, wodurch jenes unsägliche Lob der verehrungswürdigen Dreieinigkeit bezeichnet wurde. Und aus diesem Glase trank er mit Freude sein eigenes Lob. Dann reichte er es allen Heiligen gleichfalls zum Trank hin. Nun begann jene auch für die Seelen der Abgestorbenen zu bitten, damit auch sie an diesem Geschenk teilbekämen. Und sogleich erblickte sie eine Menge von ihnen herankommen und mit Freude aus dem Glase trinken, darunter sah sie auch solche, die noch nicht voll gereinigt waren. Da sie sich darüber wunderte, sagte der Herr: «Was du jetzt schaust, ist nicht im wirklichen Himmel; aber weil du mich siehst, der ich alle Kreatur in mir enthalte, siehst du auch alle Dinge so, als wären sie dir gegenwärtig.»

LOB AUS GOTTES KRAFT

[7] Als sie eines Tages wieder mit großer Anstrengung, wie fast immer, im Chor mitgesungen hatte und schon ganz müde war, kam es ihr vor, als söge sie alle Luft, die sie einatmete, aus dem Herzen Gottes, so daß sie nicht aus eigener Kraft, sondern gleichsam aus der Gottes sang. Sie pflegte nämlich aus allen Kräften Gott zu lobsingen, und mit solchem Eifer, daß ihr schien, sie würde auch dann weitersingen, wenn sie den eigenen Geist aushauchen müßte. Als sie nun in solcher Einigung mit Gott und

in Gott sang, sprach der Herr zu ihr: «Wie du jetzt deinen Odem aus meinem Herzen zu ziehen scheinst, so widerfährt es einem jeden, der aus Liebe zu mir oder aus Sehnsucht nach mir seufzt: er zieht den Atem dazu nicht aus seinem, sondern aus meinem göttlichen Herzen, wie ein Gebläse, das in sich selber keinen Atem hat, sondern nur den, den es zuvor aus der Luft einzog.

Während aber der Hymnus «Lobpreist alle Werke des Herrn den Herrn» (Dan 3)[1] im Chor angestimmt ward, begehrte sie zu wissen, welches Lob Gott daraus ziehe, daß alle Geschöpfe eingeladen würden, ihn zu loben. Darauf erwiderte der Herr: «Wenn dieser Hymnus oder ein ähnlicher gesungen wird, worin die Kreaturen zum Gotteslob aufgerufen werden, dann geschieht es, daß alle geistlicherweise, als wären sie vernünftige Wesen, in meiner Gegenwart stehen, um jenes Menschen willen, der sie gerufen hat, oder überhaupt um aller Menschen willen, und für alles, was ich ihnen Gutes erwiesen habe, mir Lob erstatten.»

Man soll nicht anzweifeln, daß unvernünftige Geschöpfe in der Art von lebendigen Personen vor Gott stehen, da doch dem nichts unmöglich ist, der «das Nichtseiende so ruft, als wäre es seiend» (vgl. 1 Kor 1, 18) und dem kein Geschöpf unsichtbar ist. Wundersamer aber ist noch, ja anbetungswürdig, daß der liebe Herr so freundlich den Bitten der ihn liebenden Seelen willfährt und alle ihre Sehnsüchte weit über das Maß ihrer Natur kraft seiner Allmacht zu erfüllen geruht.

LOB GOTTES IN DEN HEILIGEN

[8] «Am Fest eines beliebigen Heiligen kannst du mich loben für die ewige Erwählung, mit der ich die Heiligen ausersah, und die ich in ihnen so stärkte, daß, selbst

---
[1] Der tägliche Hymnus der Laudes.

wenn die zur ewigen Seligkeit Erwählten sich zeitenweise in großen Sünden befinden, ich doch immerdar, als hätten sie nicht gesündigt, in ihnen auf die Klarheit hinschaue, zu der sie gelangen werden.

Ferner lobe mich für die freundliche Berufung, mit der ich sie zum Reich der Schönheit einlud. Denn wer könnte es sich je herausnehmen, Zugang zu meiner göttlichen Majestät zu besitzen, wenn ich ihn nicht selber beriefe und zöge?

Drittens preise mich dafür, daß ich meine Herrschaft so getreu mit ihnen geteilt habe; denn ich habe sie alle zu Königen und Königinnen mit mir zusammen eingesetzt und sie so glückhaft und ruhmvoll herrschen machen, daß sie nicht die Hälfte meines Reiches, sondern das ganze ungeteilt empfangen haben.

Man darf die Heiligen auch an die Freude erinnern, die ihnen aus der vollkommen gewordenen Erkenntnis erwächst; denn sie sehen jetzt auf selige Weise, wie ich sie von Ewigkeit her geliebt und sie aus reiner Gnade zu solcher Seligkeit erwählt habe. Niemand kann so tief in das Herz seines Freundes blicken und sehen, wie dieser ihm gesinnt sei, als meine Auserwählten mir ins innerste Herz zu spähen vermögen, um dort meine Zuneigung zu ihnen mit unsäglicher Freude zu entdecken. Ferner an den Geschmack, den sie haben: denn mich zu loben und zu benedeien und meine Liebe zu ihnen zu gewahren, schmeckt ihnen aufs beste. Endlich an die Fülle der Freiheit, die ihnen gewährt ist, weil sie alles, was sie nur wollen, aufs freigebigste auch auszuführen vermögen.»

LOB GOTTES IN MARIA

[9] Ein andermal klagte sie sich vor Gott an, daß sie seine Mutter nie so geliebt habe, wie sie hätte sollen, und ihr nicht hinreichend Ehrfurcht und Dienst erweise. Der

Herr sprach: «Für diese Nachlässigkeit lobe meine Mutter ob der Treue, die sie mir auf Erden dauernd erwies, indem sie in allen ihren Verrichtungen immer meinen Willen dem ihrigen vorzog. Preise sodann ihre Treue, mit der sie mir in allen Nöten beistand, sosehr, daß sie alles, was ich leiblich erduldete, im Geiste mitlitt. Feire endlich ihre Treue, mit der sie noch im Himmel mir die Allertreueste bleibt, im Heranführen der Sünder zu mir, auf daß sie sich bekehren, und der abgeschiedenen Seelen, auf daß sie von ihren Strafen erlöst werden. Denn durch ihr Verdienst wurden ungezählte Sünder bekehrt und Seelen, die mein gerechtes Gericht der ewigen Strafe hätte ausliefern können, wurden durch ihre Barmherzigkeit zurückgerufen und auch aus den Flammen des Reinigungsortes befreit.»

DER GERINGSTE IM HIMMEL

[10] An einem Samstag, da man die Sequenz «Mane prima sabbati» sang, gedachte sie beim Vers «als der Born der höchsten Güte», wieviele und wie große und unaussprechliche Güter dem Urquell alles Guten entströmt waren und endelos immer weiter entströmen. Und der Herr sprach zu ihr: «Komm und sieh dir den Geringsten an, der im Himmel ist, dann wirst du dir ein Bild machen können vom Born der Güte.» Sie begann zu überlegen, wo sie diesen Geringsten wohl finden und woran sie ihn erkennen möchte. Sieh, da lief ihr ein Mann entgegen in einem grünen Kleid, mit krausem, gelblichem Haar, mittelgroß, sehr hübsch und reizend von Angesicht. Sie darauf: «Wer bist du?» Er erwiderte: «Auf Erden war ich ein Räuber und Übeltäter und habe nie etwas Gutes getan.» Und sie: «Wie bist du dann in diese Seligkeit gekommen?» Er sprach: «All das Böse, das ich tat, habe ich nicht aus Bosheit begangen, sondern gleichsam aus Gewohnheit

und weil ich nichts Besseres wußte, und weil meine Eltern mich dazu erzogen hatten. So hab ichs am Ende bereut und habe Gottes Erbarmen erlangt; hundert Jahre war ich am Ort der Pein und erlitt vieles, jetzt bin ich durch die alleinige und unverdienbare Güte Gottes in diese Erquickung gelangt.» Und er zeigte ihr, die dieses sah, alle Wohltaten, die Gott so erbarmungsvoll an ihm gewirkt, und es war für sie eine große Freude, daß er das zu tun vermochte. Auf diese Weise erkannte sie den Born der Güte im Geringsten; und wenn Gott in einem, der nichts Gutes getan hat, solches vermag, was wird er dann in seinen kräftig strebenden Heiligen vermögen?

DAS GLÜCK, AUF ERDEN ZU LOBEN

[11]   Einmal, da der Konvent zum Tisch des Herrn ging, die Magd Christi aber krank war und nicht mit den andern hingehen konnte, bat sie den Herrn, ihr wenigstens von den Brosamen des Tisches etwas zu geben. Bald schien es ihr, sie sehe den Herrn an einem langen Tisch mit allen Heiligen sitzen. Er reichte ihr Brosamen in Gestalt kleiner Kugeln und Edelsteine, und es war die Mitteilung seiner eigenen Freude und Seligkeit. Hierauf nahm die Königin, die Mutter des Herrn, ihre beiden Hände voll und gab der Seele. Und dann taten es alle andern unter großer Freude.

Am Tisch aber saßen die Jungfrauen durch ein besonderes Vorrecht dem Herrn gegenüber, so daß sie das Antlitz und die Zier ihres Bräutigams wonniger betrachten und seine Seligkeit traulicher trinken konnten. Da nun die Seele fragend zu ihnen hintrat, sagten sie: «Ach, wie glücklich seid ihr, noch auf Erden leben zu dürfen und euch vielen Lohn zu erwerben. Denn wüßte der Mensch, wieviel er an einem einzigen Tag verdienen kann, es würde sein Herz, sobald er vom Schlaf erwacht, sich vor Freude weiten, weil wieder ein Tag aufging, an dem er

Gott loben und seinen Lohn zum Lobpreis Gottes mehren kann, und er würde davon für den ganzen Tag zu allem, was er tun und leiden muß, munter gestimmt und gestärkt.»

MENSCHENDIENST IST GOTTESDIENST

[12] Da es ihr oft so schwer wurde, die Dienste anderer in Anspruch zu nehmen; da sie zudem fürchtete, mehr Bequemlichkeit als nötig sich zu gönnen, rief sie darob klagend Gott an und erhielt vom Herrn die Antwort: «Fürchte dich nicht und sei nicht verwirrt, denn alles, was du leidest, das erdulde ich wahrhaft in dir, und deshalb werden alle Wohltaten, die die Menschen dir erweisen, mir selber erwiesen, und ich werde sie so würdig belohnen, als hätten sie sie mir getan. Allen auch, die dir fromm mitleidend in deiner Todesstunde beistehen werden, will ich es nicht weniger dankbar anrechnen, als wenn sie mitleidend meiner Passion beigewohnt hätten. Und die bei deinem Begräbnis andächtig zugegen sein werden, von diesen werde ich es so annehmen, als hätten sie meiner Grablegung mit gebührender Ehrfurcht beigewohnt.»

Und als sie besonders für die sie Bedienende betete, sah sie den Herrn vor sich mit einem Gürtel voll goldener Ringlein. Er zeigte sie ihr und sagte: «Schau, das sind all die Fußtapfen derjenigen, die in deinem Dienst gerannt ist; sie alle stehen meinem ewigen Gedächtnis vor Augen, samt allen Dienstleistungen, die sie dir je erwiesen hat.» Und der Herr befahl sie der Liebe an, daß die Liebe sich ihrer annehme und ihr in ihren Krankheiten diene.

Dabei erkannte sie, daß die Liebe auf drei Arten der Seele fruchtbar dient. Einmal so, daß sie alle Angelegenheiten des Menschen, wenn er sie ihr empfiehlt, aufs getreueste Gott vorstellt. Ferner so, daß sie alles ihr Anvertraute im Schreine des göttlichen Herzens aufs beste hinterlegt und beim Scheiden der Seele gemehrt und veredelt ihr wieder zustellt. Endlich so, daß sie dem Menschen in Mühsal und Bedrängnis wohl beisteht, ihn im Guten unterstützt und vor Bösem bewahrt.

Wenn also einer wenig Andacht in sich verspürt, wenn er sich kalt in der Liebe und von Gott entfernt fühlt, so rufe er die Liebe an und nehme sie als Gesandtin, sie bittend, sie möge sich würdigen, ihm die Gnade oder eifrige Andacht zu erwirken. Was immer er Gutes tut, befehle er ebenso der Liebe zur Aufbewahrung an, um es später in ein Besseres verwandelt von ihr zurückzubekommen. In aller Bedrängnis und Mühsal lade er die Liebe ein, ihm zu helfen; denn ist sie da, so spürt der Mensch keine Mühe und erliegt nicht im Kampf.

DER ENGEL VERMITTELT

[13] Als das Kloster einmal in Not war und der Konvent den Psalter, den er gebetet hatte, der Magd Christi empfahl, damit sie ihn Gott empfehle, sprach sie zu ihrem Engel: «Eia, lieber Engel, du, der du erkennst wie du erkannt bist (1 Kor 13,12), während ich nur teilweise erkenne, stelle du bitte dieses Gebet deinem König vor, vor welchem du in Würde und Wonne stehst.» Da sprach der Engel zu ihr: «Keineswegs erkenne ich so, wie ich erkannt bin. Der, der mich geschaffen hat, erkennt mich wie die höchste Macht, die höchste Weisheit, die höchste Liebe erkennt. Ich aber erkenne bloß in dem Maße meiner Geschöpflichkeit. Aber ich freue mich, deine Botschaft meinem Gott vortragen zu dürfen, mehr als je eine Mutter über Ehrung und Reichtum ihres einzigen Sohnes sich freuen kann.» Und der Engel stellte jenes Gebet in der Gestalt von lebendig sich regenden Lerchen wie auf einem weißen Tuch Gott vor, mit großer Ehrfurcht und Freude. Einige von den Lerchen hoben sich von dem Tuch, als wollten sie auffliegen, setzten sich dann aber

wieder; andere flogen auf und setzten sich an die Brust des Herrn, andere flogen auf zum Mund des Herrn und küßten ihn. Und der Herr sprach: «So viele Personen dieses Gebet verrichtet haben, sooft will ich mit den Augen meiner Barmherzigkeit auf sie blicken und die Ohren meiner Huld ihnen zuneigen.»

HIMMLISCHE LITURGIE

[14] Zur Zeit, als die Domherren, die das Bistum stellvertretend versahen, die Klostergemeinde wegen einer Summe Geldes schwer drangsalierten und verboten hatten, daß die heiligen Geheimnisse dort gefeiert würden, am Tag der Himmelfahrt der seligsten Jungfrau, da die Magd Gottes tief bekümmert war wegen der auferlegten Entbehrung des Leibes des Herrn, den sie so sehr ersehnte, deuchte es ihr, als trockne der Herr die Tränen von ihren Augen, nehme sie bei der Hand und sage: «Heute wirst du wunderbare Dinge sehen.»

Da nun der Priester wie gewohnt zum Einzug das Responsorium «Vidi speciosam» anstimmte, erschien es ihr, als sammle sich die ganze Klostergemeinde zur Prozession. Voraus ging der Herr und seine Mutter; er trug eine weiß-rote Fahne. Im weißen Feld waren goldene Rosen, im roten silberne. Der Zug bewegte sich durch den Kreuzgang bis zum Chor und von da in die Kirche. Nun bereitete sich der Herr, die Messe zu feiern, angetan mit einer roten Kasel und einer bischöflichen Inful. Sankt Johannes der Täufer sollte die Epistel lesen, denn er als erster hatte über die Freude der seligsten Jungfrau im Mutterschoße gejubelt; Sankt Johannes der Evangelist aber das Evangelium, weil er der Behüter der glorreichen Jungfrau war. Johannes der Täufer und der hl. Lukas dienten am Altar, während Johannes der Evangelist der seligen Jungfrau diente, die rechts beim Altar stand, angetan mit sonnenlichten Gewändern und auf dem Haupt eine Krone mit Edelsteinen jeglicher Art.

Da nun alle Heiligen, die zugegen waren, das Hochamt anstimmten: «Laßt uns alle im Herrn uns freuen», trat die selige Jungfrau zum Altar und opferte ihrem Sohn eine Spange aus Gold, hell wie reinster Kristall und mit den schönsten Steinen geziert, deren jeder die Klarheit von Spiegeln besaß, so daß die Jungfrau darin alle ihre Vorzüge betrachten konnte. Die Spange deckte die ganze Brust des Herrn wie ein Schild, und die Jungfrau erblickte sich darin wie in einem Spiegel. Danach setzten sie die Messe fort bis zum letzten Kyrie, und der Herr stimmte mit großer Stimme an: «Gloria in excelsis!» und fügte hinzu: «Aus der Freude meines Herzens kredenze ich euch allen die Glorie.» Bei der Opferung aber traten die, die der seligen Jungfrau besonders gedient hatten, zum Altar und brachten goldene Ringe dar, die der Herr entgegennahm und an seinen Finger steckte. Und nachdem der höchste Priester und Papst die Präfation selbst gesungen, bis zur Stelle, wo es heißt: cum quibus et nostras voces, sagte er zu den Heiligen: «Singt alle mit, singt und frohlockt!» Und so sangen alle zusammen: «Heilig, heilig, heilig». Unter allen aber und über alle hinaus erklang die süße Stimme der seligen Jungfrau und war unter allen Stimmen der Heiligen als besondere erkennbar.

Als der heilige Augenblick kam, da die Hostie erhoben werden sollte, sah man den Herrn, Priester und Opfer zugleich, die Hostie in einer goldenen Kapsel verschlossen und mit einem Schleier verhangen hochheben, wodurch bezeichnet ward, daß dieses Sakrament jedem menschlichen und englischen Verstand verborgen bleibt. Nach dem «Pax Domini» wurde ein Tisch aufgestellt, an den der Herr sich setzte, und neben ihm ließ seine Mutter sich nieder. Die ganze Kommunität aber trat an den Tisch, und jede kniete sich hin und empfing unter dem Arm der seligen Jungfrau aus der Hand des Herrn den Leib des Herrn. Die selige Jungfrau aber hielt einen goldenen Becher mit einem goldenen Ausfluß an die Seite des Herrn hin, und alle sogen daraus jenes wundersame Getränk, das aus der Brust des Herrn floß.

Als die Messe zu Ende war, gab der Herr mit seiner Hand den Segen, wobei er an jedem Finger goldene Ringe trug; sie besagten die Vermählung jeder einzelnen jungfräulichen Seele. Auch hatten sie rote Steine, deren Sinn war, daß sein Blut zur besondern Zierde der Jungfrauen gehört.

II

DAS WANDLUNGSWUNDER DER LIEBE

[15] Am Fest der Verkündigung Mariä, da die Jungfrau Christi im Gebet war und in der Bitterkeit ihrer Seele ihre Sünden betrachtete, sah sie sich angetan mit einem Aschengewand, und es fiel in ihr Gebet das Wort: «Gerechtigkeit ist der Gurt seiner Lenden» (Is 11, 5), und sie begann nachzudenken, was sie tun würde, wenn der Herr, mit Gerechtigkeit gegürtet, in Majestät und göttlicher Macht erschiene, ihr, die so nachlässig gewesen war... Da erblickte sie den Herrn auf hohem Throne sitzend, und vor seinem wundersamen Anblick wurde die Asche zunichte, sie aber stand in seiner Gegenwart leuchtend wie Gold. Da begriff sie, daß alles Gute, was sie versäumt, durch den heiligen Wandel Christi und seine vollkommenen Werke nachgeholt sei, und all ihre Unvollkommenheit durch die allerhöchste Vollkommenheit des Sohnes Gottes vervollkommnet. Wenn also Gott mit dem Auge der Erbarmung eine Seele anblickt und sich über sie neigt, um ihr zu vergeben, dann werden alle ihre Vergehen ewigem Vergessen überantwortet. Da sie nun von Gott so hohe Gaben empfangen: aller Sünden Vergebung, alles Lohnes Ergänzung, schöpfte sie Sicherheit und Kühnheit daraus, bettete sich an die Brust ihres Geliebten, Jesus, und wechselte unsagbare Worte mit ihm.

Und sie sah aus dem Herzen Gottes etwas ausgehen wie ein goldenes Brunnenrohr, durch welches sie den Herrn lobpries. Und sie bat den Herrn, er möge sich würdigen, sein eigener Lobpreis zu werden. Sogleich vernahm sie die holde Stimme des höchsten Sängers, Christi, die also anstimmte: «Lob sagt unserem Gott, ihr seine Heiligen alle!» (Ps 29, 5). Und da sie erstaunt war, wie Gott selber das singen konnte, wurde ihr beim Worte «Lob» von Gott her eingegeben, wie es geschehen mag, daß Gott sich in sich selber lobt mit vollkommenem Lob ohne Ende. Im Worte «sagt» erkannte sie, daß Gott aus seinem göttlichen Vermögen der Seele die Macht verleiht, alle Geschöpfe im Himmel und auf Erden zum Lobpreis ihres Schöpfers einzuladen. Im Worte «unserem Gott» aber verstand sie, daß der Sohn, sofern er Mensch ist, den Vater als Gott verehrt, wie er selber sagt: «Zu meinem Gott und zu eurem Gott» (Joh 20, 17). Im Worte «ihr seine Heiligen alle» ersah sie, daß alle Geheiligten im Himmel und auf Erden vom höchsten Heiligenden Christus geheiligt werden.

Sie sah auch die seligste Jungfrau zur Rechten ihres Sohnes ein goldenes Gürtelband, voll goldener Zymbeln hängend, durch alle Ordnungen der Engel und Chöre der Heiligen schlingen. Jeder von ihnen rührte an die Zymbeln und gab einen wundersamen Klang und lobte Gott für alle Gaben und Gnaden, die er überschwenglich jener Seele verliehen hatte. Und die Seele lobte aus allen ihren Kräften Gott für das ihr Verliehene. Der Herr aber rief sie zu sich und legte seine Hände auf ihre Hände, und er gab ihr dadurch alle Arbeiten und Werke, die er in seiner heiligen Menschheit verrichtet hat. Dann legte er seine gütigsten Augen an ihre Augen, und er gab ihr dadurch, was er mit seinen heiligen Augen ausgeübt und auch die vielen Tränen, die er vergossen. Dann paßte er seine Ohren den Ohren der Seele an und gab ihr, was immer er durch die Ohren ausgeübt. Dann drückte er seinen rosenfarbenen Mund dem Mund der Seele ein und übergab ihr die Ausübung des Lobes, der Danksagung, des Gebetes und der Verkündigung, als Ergänzung alles dessen, was sie versäumt. Zuletzt vereinigte er sein sanftes Herz mit dem Herzen der Seele und teilte ihr mit alle von ihm geübte Betrachtung, Andacht und Liebe, und er beschenkte sie reich mit allen Gütern. Dergestalt wurde die Seele als ganze Christus einverleibt und schmolz in der Gottesliebe wie Wachs vor dem Feuer, und ganz in Gott eingenommen nahm sie wie das Wachs vom Siegel sein Gleichbild an.

[16] An einem Freitag, während die Klostergemeinde kommunizierte, die Magd Christi aber krank im Bett lag und in Armut des Geistes aus innerstem Herzen tief zum Herrn aufseufzte, sah sie den Herrn eilends von seinem Thron aufstehen und sprechen: «Wegen dem Elend der Armen und dem Seufzen der Bedürftigen erhebe ich mich» (Ps 11,6). Und während er aufstand, standen gleichzeitig auch alle Heiligen auf und brachten Gott zur Tröstung jener Seele allen Dienst dar, den sie Gott auf Erden erwiesen und alles, was sie gelitten hatten, zu ewigem Lob. Und darüber hinaus brachte Jesus der Herr auch all das Seine Gott dem Vater dar mit den Worten: «,Ich will es ihr zum Heile rechnen' (ebd.), nämlich in mir selbst und durch mich selbst will ich all ihr Begehren erfüllen». So entrichtete er vollgültiges Lob an ihrer Statt Gott dem Vater.

Sie verstand auch von Gott her, daß, sooft eine Seele in Geistesarmut zu Gott seufzt, in der Sehnsucht ihn zu loben oder eine Gnade zu erwerben, alle Heiligen sogleich sich erheben, Gott an Statt der Seele allzumal loben oder ihr die Gnade erflehen. Wenn sie aber schmerzlich aufstöhnt ob ihrer Sünden, dann flehen sie für sie um Vergebung; und Christus läßt es nicht genug sein; er erhebt sich selber mit dem Wort: «Ich will es ihr zum Heil rechnen», das heißt: durch mich selbst will ich ihr Begehr erfüllen, für sie Gott den Vater lobpreisen, oder was immer sie wünscht, gnädig an ihrer Statt ergänzen.

Danach sprach der Herr: «Wenn ein einziger Seufzer mit solchen Ehrerweisen aufgenommen wird, kann dann noch irgendeine Traurigkeit in der Seele des Armen zurückbleiben?»

Ein andermal, als sie wiederum in Sehnsucht nach dem Herrn zu ihm seufzte, sagte er zu ihr: «Was hast du jetzt wieder? Sieh, sooft du dich nach mir sehnst, ziehst du mich in dich. Denn ich habe mich mitteilsamer und leichter erreichbar gemacht als alle andern Dinge. Kein Ding ist ja so klein und gemein, nicht einmal ein Faden oder ein Strohhalm, daß man es durch den bloßen Willen erwerben kann; mich aber kann der Mensch durch den bloßen Willen oder einen einzigen Seufzer bekommen.»

INBEGRIFF DES LOBES

[17] Da ihr der Herr einmal im Gebet erschien, frug sie ihn, ob es wahr sei, daß er während seines Erdenlebens die kirchlichen Tagzeiten gebetet habe. Er antwortete ihr gnädig: «Ich hielt sie nicht nach eurer Weise durch Singen von Psalmen und Gebeten, doch habe ich täglich und stündlich Gott dem Vater das Lob dargebracht. Ich habe überhaupt alle Observanzen der Gläubigen – wie ich die Taufe als erster empfing – in mir selber für sie gehalten und erfüllt, indem ich so in mir alle Werke der an mich Glaubenden im voraus heiligte und aufrundete. Ich sprach ja zu meinem Vater: «Für sie heilige ich mich, auf daß sie heilig seien in mir» (Joh 17, 19). Und wie ihr euerseits in den sieben Tagzeiten das Gedächnis dessen feiert, was ich in den gleichen Stunden gelitten habe, so wußte ich in meiner Weisheit alles voraus, was ich leiden würde; nach dem Zeugnis des Evangelisten: «Jesus wußte alles, was über ihn kommen würde» (Joh 18, 4).

DIE FLIESSENDE LAMPE

[18] Während einer Messe wurde sie durch verschiedene hindernde Gedanken des Verkostens Gottes beraubt. Sie bat die Mittlerin zwischen Gott und den Menschen, die Jungfrau Maria, ihr die Gegenwart ihres geliebten Sohnes zu erbitten. Auf ihre Fürbitte hin, so glauben wir,

erblickte sie den König der Glorie, Jesus den Herrn, auf
hohem kristallenem rein-durchsichtigem Thron, von
dessen Vorderseite zwei wundersame lautere Bächlein,
wonnigen Anblicks, ausgingen. Sie begriff, daß diese die
Gnaden der Sündenvergebung und der geistlichen Tröstung seien, die beide bei jeder Messe auf Grund der göttlichen Vorsehung in besonderer Weise und leichter verliehen werden. Während der Opferung der geweihten
Hostie nun stand der Herr vom Throne auf, und man
konnte sehen, wie er sein heiliges Herz gleich einer hell-
leuchtenden, bis oben gefüllten und überströmenden
Lampe hochhob. Diese Lampe floß nach allen Seiten und
mit so drängender Gewalt über, daß große Tropfen vom
strömenden Überfluß wiederaufspritzten, und dennoch
ward die Fülle der Lampe in nichts vermindert. Darin
ward zu erkennen gegeben, daß, wiewohl aus der Fülle
des Herzens Christi allen übergenugsam Gnade gespendet
wird, entsprechend eines jeglichen Fassungskraft, gleich-
wohl der Herr in sich selber die überreiche, allselige Fülle
bleibt und niemals irgendwelchen Abbruch erleidet. Nun
sah sie auch, wie die Herzen aller, die zugegen waren,
ebenfalls als Lampen wie durch eine Schnur mit dem Herzen des Herrn verbunden waren, manche davon standen
aufrecht und brannten voll Öl, andere waren leer und
hingen umgestürzt nach unten. Sie verstand, daß die
brennenden und aufgerichteten Lampen die Herzen derer
bezeichneten, die mit Andacht und Sehnsucht der Messe
beiwohnten, die umgestürzten aber die Herzen derer,
die es versäumten, sich durch Andacht zu erheben.

SEINE LIEBE RUNDET AUF

[19] Einstmals, als sie sich ihrer Krankheit wegen unnütz vorkam und ihr Strafleiden für fruchtlos hielt, sagte
der Herr zu ihr: «Lege alle deine Leiden in mein Herz hin-

über, und ich will sie so ausgezeichnet aufrunden, als je eines Menschen Leiden hat erhoben werden können. Denn wie die Gottheit alle Leiden meiner Menschheit in sich hinüberzog und sich einte, so will ich alle deine Leiden gänzlich in meine Gottheit hinübernehmen, sie mit meiner Passion zusammen zu einer einzigen Sache machen, und dir teilgeben an der Verherrlichung, die Gott der Vater meiner verklärten Menschheit für alle meine Leiden zuteil werden ließ. Befiehl deine Schmerzen der Liebe und sprich: O Liebe, in der gleichen Gesinnung, mit der du mir das aus dem Herzen Gottes zugetragen hast, übergebe ich es dir, mit der Bitte, es in der höchsten Dankbarkeit zur letzten Vervollkommnung zu empfehlen.

Begehrst du mich zu loben und vermagst du es nicht in deinen Leiden, so bitte, daß ich mit dem Lob, womit ich am Kreuze Gott den Vater gelobt habe, und in der Dankbarkeit, mit der ich ihm danksagte für seinen Willen, daß ich zum Heil der Welt all dies erdulde, und in der Liebe, womit ich meine Leiden gern und willig litt, nun auch für dein Leiden lobe und benedeie. Wie mein Leiden in Himmel und Erde unendliche Frucht trug, so wird auch dein Schmerz oder jegliche Drangsal, die mir dergestalt anbefohlen wird, in Einigung mit meiner Passion so fruchtbar, daß sie allen Himmlischen Ehre, allen Gerechten auf Erden vermehrten Lohn, den Sündern Vergebung, den Seelen im Fegfeuer Erleichterung verschafft. Denn was vermöchte mein göttliches Herz nicht in ein Besseres umzuwandeln? Alles Gute, das Himmel und Erde enthalten, fließt ja hervor aus der Güte meines Herzens.»

DER MANTEL DER NATUR

[20] Einmal erschien ihr der Herr während einer Messe, da man zur Opferung sang: «Herr Jesu Christe, König der Glorie.» Er stand zur Rechten des Altars, bekrönt und

mit Königsornat angetan. Sie verwunderte sich und hätte gerne gewußt, was die Tauben und Adler und die Edelsteine in der Krone des Herrn bedeuteten. Der Herr entgegnete: «Die Demut aller, der Glaube aller, die Geduld aller, die Hoffnung aller: sie schimmern gleich edlen Steinen in meiner Krone. Die Tauben und die Adler aber, die die Krone überragen, bezeichnen die Einfältigen und die Liebenden.»

Während des Kanons aber sah sie eine Art goldenes Podium, das an den Altar anstieß. Der Herr stieg darauf und stand nun auf dem Altar. Er trug über seinem Mantel einen langen Pelz, der bis zu den Knien reichte. Als sie darüber staunte, wurde ihr gesagt, dies bedeute, daß alle Haare der Menschen, der Tiere und der Pflanzen durch die Menschheit Christi in der heiligsten Dreifaltigkeit schimmern, darum, weil der Sohn Gottes die Menschheit von der Erde her zu sich empor übernahm, denn aus der Erde stammt sie. Am Mantel aber schimmerten die menschlichen Seelen als ein wundersamer Schmuck.

Der Herr stand auf dem Altar und deckte mit seinem Mantel den Priester, und die vom Priester konsekrierte Hostie ward in des Herrn Herz emporgenommen und in ihn verwandelt. Da fiel sie ihm zu Füßen und küßte seine Wunden; der Herr aber beugte sich liebend über sie und sprach: «Mein Verlangen beugt sich über euch mit allem, was in mir gut ist.»

VERWANDLUNG UNSERES UNWERTS

[21] Da sie einmal während der heiligen Messe müde war und einschlief, klagte sie trauernd ihre Nachlässigkeit dem Herrn. Der entgegnete ihr: «Wenn du nichts in dir fändest, was dir mißfiele, wie wolltest du dann meine Güte dir gegenüber erkennen?» Da erinnerte sie sich eines Menschen, den sie in Traurigkeit wußte; und wäh-

rend sie für ihn betete, um vom Herrn eine passende Antwort seinetwegen zu erhalten, sagte ihr der Herr unter vielen andern Worten auch dies: «Und warum will dieser Mensch nicht in Empfang nehmen, was ich ihm zu geben so bereit bin? Meinen ganzen heiligen und schuldlosen Wandel auf Erden gebe ich ihm mit Freuden, damit er denselben sich aneigne und aus dem Meinigen auffülle, was immer ihm abgeht.» Sie darauf: «Wenn es Dir so wohlgefällt, liebreichster Gott, daß der Mensch das Deine sich raubt, so sag mir bitte, wie er dies anstellen soll.» Er erwiderte: «Er soll seine Wünsche, seine Absichten und Gebete in Vereinigung mit meinen Wünschen und Gebeten Gott dem Vater darbringen, dann steigt es vor Gott in solcher Angenommenheit auf und wird so sehr eins, wie der einheitliche Rauch verschiedener zugleich entzündeter Spezereien unmittelbar zum Himmel dringt... Alles andere Gebet, wiewohl es zum Himmel aufsteigt, wird ohne diese Vereinigung mit meinem Gebet nicht so wohlgefällig von Gott in Empfang genommen. Und gleicherweise soll der Mensch alle seine Mühe und jede Arbeit in der Einigung mit meinen Mühen und Arbeiten verrichten. Dadurch werden seine Werke so geadelt, wie Kupfer mit Gold verschmolzen vom eigenen Unwert weg verwandelt wird in den Adel des Goldes. Und wie eine Handvoll Getreide zu einem großen Haufen Weizen hinzugeworfen vermehrt wird, so werden des Menschen Werke, die in sich selber ein Nichts sind, durch Einfügung in meine Werke gemehrt und in ein Besseres umgewandelt.»

ROSEN AUS DÜRREM HOLZ

[22] Da sie eine Zeitlang an schwerem Kopfweh litt, brachte sie einmal während dem Hochamt zur Zeit der Opferung ihre Schmerzen dar, gleichzeitig wie sie die heilige Hostie dem Herrn zu ewigem Lob darbot. Alsbald

erschien ihr der Herr; er hielt in seinen zarten Händen einen Reifen dürren Holzes, an welchen er die schönsten Rosen knüpfte. Sie verwunderte sich sehr, was das wohl bedeute, daß der Herr um das dürre Holz so blühende Rosen binde. Da hörte sie, wie er sprach: «Sieh, wenn ich diesem abgestorbenen Holz frische Rosen einfüge, so entnimm daraus, wie nie eines Sündern Herz durch den Rost der Sünde so abstirbt, daß er nicht, wenn er einen Schmerz oder eine leibliche Krankheit, wie klein sie auch sein mag, in der Gesinnung erduldet, daß er aus Liebe und Lob meines Namens auch gern einen stärkeren Schmerz erlitte, falls dies mir gefiele – daß er nicht zur selben Stunde durch solche Gesinnung wieder aufgrünte und so des göttlichen Erbarmens teilhaft würde.

Ich sage dir, kein Sünder ist so arg, daß, wenn er wahrhaft bereut, ich ihm nicht zur selben Stunde all seine Schuld vergebe und mein Herz mit so viel Huld und Milde über ihn neige, als hätte er nie gefehlt.» Sie sagte: «Wenn das so ist, liebster Gott, wie kommt es dann, daß der arme Mensch es gar nicht merkt?» Der Herr darauf: «Es kommt daher, daß er den innern Geschmack der Sünde noch nicht ganz verloren hat. Wenn einer, der Buße getan hat, den Lastern so stark widerstünde, daß aller Geschmack und alle Lust an der Sünde ausgerottet würden, er würde zweifellos die Süße des göttlichen Geistes durch und durch empfinden.»

WANDLUNG VERGEBLICHER TRÄNEN

[23] Eine Frau wurde gar viel beschwert, weil sie infolge einer gewissen Krankheit ihre Tränen nicht zurückzuhalten vermochte. Fünf Jahre beinah hatte sie so sehr geweint, daß, wenn Gottes Erbarmen ihr nicht beigestanden wäre, sie darob billig das Augenlicht und den Verstand verloren haben müßte. Und so bat sie sie (Mecht-

hild) und andere, dafür zu beten, daß Gottes Güte sie von dieser Trübsal befreie. Mechthild aber tröstete sie in freundlichem Mitleid und betete noch achtsamer für sie vor dem Herrn, und so wurde jene nach kurzem befreit. Als sie den Herrn frug, wie es möglich sei, daß jene so rasch von ihrer Traurigkeit weg verwandelt wurde, erwiderte ihr der Herr: «Aus meiner reinen Güte habe ich sie erlöst.» Und er fügte bei: «Sag ihr aber in meinem Namen, sie möge mich bitten, daß ich aus meiner Güte heraus auch ihre früheren Tränen verwandle, als ob sie dieselben aus Liebe zu mir und aus Andacht und Reue über ihre Sünden vergossen hätte.» Als jene das vernahm, begann sie sich zu verwundern, wie so unnütz vergossene Tränen in so heilige möchten verwandelt werden. Da sprach der Herr: «Sie soll einzig an meine Güte glauben, und so viel sie mir glaubt, so viel werde ich in ihr ergänzen.»

GOTT WIRKT IN UNSERER OHNMACHT

[24] Als sie einmal während der Krankheit die Kommunion empfing, sagte sie zum Herrn: «Ach, liebster Gott, wie hab ich dich jetzt in meine Seele gerufen, ohne zuvor gebetet oder etwas Gutes getan zu haben!» Der Herr antwortete ihr: «Mein Vater wirkt bis zur Stunde, und auch ich wirke» (Joh 5,17). Mein Vater wirkt mit seiner Macht in dir ein Werk, zu dem du mit deinen Kräften nicht hinreichst, und ich wirke in meiner göttlichen Weisheit in dir ein Werk, das deine Fassungskraft übertrifft. Und der Heilige Geist wirkt in seiner unermeßlichen Güte in dir ein Werk, das du noch nicht zu fühlen und zu schmecken vermagst.»

ERGÄNZUNG DURCH LOB

[25] Als sie für einen Bedrängten betete, sah sie ihn vor dem Herrn stehen. Und der Herr sprach: «Sieh, dem vergebe ich alle seine Sünden; er aber soll alle seine Schulden und Nachlässigkeiten durch Lobpreisen ergänzen. Wenn in der Präfation das Wort kommt: ‚Durch ihn loben die Engel deine Majestät', dann lobe er mich vereint mit jenem überhimmlischen Lob, wodurch die anbetungswürdige Dreieinigkeit sich gegenseitig lobt und gelobt wird, und das ausfließt in die seligste Jungfrau und von da in alle Engel und Heiligen. Er bete ein ‚Vater unser' und bringe es dar vereint dem Lob, womit Himmel und Erde und alle Kreatur mich lobt und benedeit. Und er flehe darum, daß durch mich, Jesus Christus, Sohn Gottes, sein Gebet übernommen werde, weil durch mich alles, was Gott dem Vater dargebracht wird, zu höchstem Wohlgefallen emporsteigt. So werden alle seine Sünden und Nachlässigkeiten durch mich aufgerundet.»

LIEBER UMSONST

[26] Als sie einmal in bitteren Gedanken alle ihre Jahre überdachte, und wie saumselig sie gelebt und wieviel Gnade Gottes sie nutzlos vertan, auch daß sie, die Gott als Braut Zugeweihte, diesen Vorzug durch ihre Sünden befleckt, sprach der Herr zu ihr: «Wenn du die Wahl hättest, ob du alle Güter, die ich dir verliehen habe, durch Werke und Tugenden aus Eigenem dir verdient haben möchtest, oder ob ich sie dir alle umsonst geschenkt hätte: was würdest du wählen?» Sie erwiderte: «Ach, mein Herr, die kleinste Gabe, die du mir umsonst gewährst, ist mir lieber, als wenn ich mir die Verdienste aller Heiligen mit den größten Tugenden und Arbeiten verdienen könnte.» Und der Herr: «Dafür sei in Ewigkeit gesegnet.»

[27] Ein andermal, da sie bitteren Herzens überdachte, wie viel von Gott geschenkte Zeit sie unnütz vertan und Gottes Gaben als Undankbare fruchtlos verzehrt, sprach die Liebe zu ihr: «Verwirre dich nicht. Ich werde alle deine Schulden wieder einholen und alle deine Versäumnisse aufrunden.» Aber obwohl ihr dieses Geschenk groß erschien, konnte sie dennoch dadurch nicht getröstet werden, ihr Schmerz über den Verlust so großer Güter war zu heftig, und darüber, daß sie Gott, den Verleiher so unzähliger Güter, nicht glühend genug geliebt habe, so untreu dem war, der ihr und in allem dauernd der Treueste ist. Da sagte ihr der Herr: «Wenn du mir vollkommen treu bist, dann soll es dir viel lieber sein, daß meine Liebe deine Säumnisse ergänzt, als daß du es selber tust, auf daß diese Liebe daraus Lob und Ehrung gewinne.»

GOTT MÄSSIGT SICH IN UNS

[18] Eines Tages war sie traurig, weil sie sich so überflüssig vorkam, da sie, durch Krankheit verhindert, ihrer Ordenspflicht nicht nachkommen konnte. Da vernahm sie, wie der Herr zu ihr sprach: «Wohlan, sei mir gut, damit ich die Glut meines göttlichen Herzens in dir kühle.» An diesem Wort begriff sie, daß jeder, der Schmerzen und innere Leiden, Traurigkeit und Niedergeschlagenheit oder sonst eine Trübsal in Vereinigung mit der Liebe, womit Christus auf Erden viel Schmerzen und Beschwer und zuletzt einen schmachvollen Tod erlitt, willig und gern auf sich nimmt, darin einigermaßen die Glut des göttlichen Herzens mäßigt, das mit so unschätzbarer Sehnsucht das Heil des Menschen sucht. Und da es jetzt seine Leiden nicht mehr in sich selbst erdulden kann, würdigt es sich, sie in seinen Liebhabern, die ihm in treuer Liebe anhangen, zu ergänzen.

ALS HABEST DU ALLE LIEBE

[29]   Als sie ein Zeichen aufschrieb, daß sie kommunizieren wolle[1], sprach sie zum Herrn: «Schreibe, o mildester Herr, meinen Namen in dein Herz, und deinen süßen Namen durch kräftige Erinnerung in das meine.» Da sprach der Herr zu ihr: «Willst du kommunizieren, so empfange mich mit solcher Meinung, als habest du alle Sehnsucht und alle Liebe, die je in einem Menschenherzen brannte, und in dieser höchsten Liebe tritt zu mir heran. Ich aber will diese Liebe in dir entgegennehmen, nicht so, wie sie in dir ist, sondern als ob sie wahrhaft so groß wäre, wie du sie zu haben verlangst.»

DIE GNADE WEITERGEBEN

[30]   Agnes, die selige Jungfrau, erschien an ihrem Fest der Magd Christi. Sie schien vom Altar mit einem goldenen, schön geschmückten Rauchfaß herzukommen und inzensierte jede einzelne Schwester und erfüllte den ganzen Chor mit wohlriechendem Rauch... Und als bei der Matutin die lieblichen Worte der heiligen Agnes wiederholt wurden, wurde jene, die dies sah, traurig und klagte zu Gott, daß sie, im Ordenskleid von Jugend auf, Christus doch nicht wie diese selige Jungfrau geliebt habe. Da sagte der Herr zur heiligen Agnes: «Gib ihr alles, was du hast.» Da begriff sie, daß Gott den Heiligen diese Würde verleiht, alles was er in ihnen gewirkt hat und was sie für Christus erduldet haben, ihren Liebhabern und Verehrern, die Gott für sie loben und danksagen oder seine Gaben in ihnen lieben, schenken zu können. Und als Sankt Agnes es getan, wurde jene mit unaussprechlicher Freude erfüllt und bat die Königin des Himmels, um

[1] Ein Zeichen für den amtenden Priester, woraus er entnimmt, daß eine Klosterfrau kommunizieren will.

dieses Geschenkes willen ihren Sohn zu loben. Diese sagte zu ihr: «Bete mir ein Ave Maria.» Sie aber sprach, unter göttlicher Eingebung, dieses Lob: «*Gegrüßt seist du*, aus des Vaters Allmacht, gegrüßt aus des Sohnes Weisheit, gegrüßt aus des Heiligen Geistes Güte, liebliche *Maria*, die du Himmel und Erde hell werden läßt. *Du bist voll der Gnade*, und gießest sie in alle ein, die dich lieben. *Der Herr ist mit dir*, der Eingeborene des Vaters, der Einziggeborene deines jungfräulichen Herzens, dein schönster Freund und Bräutigam. *Du bist gebenedeit unter den Weibern*, die du Evas Fluch vertrieben und ewigen Segen erlangt hast. *Benedeit ist die Frucht deines Leibes*, der Herr und Schöpfer aller Dinge, der alles benedeit und heiligt, alles einigt und reich macht.» Da gab ihr die selige Jungfrau alles, was sie besaß, sogar ihre jungfräuliche Mutterschaft, daß sie aus Gnade eine geistliche Mutter werden durfte, so wie Maria aus Natur es war.

GOTT FRUCHTEN

[31] Ein andermal, nach der heiligen Kommunion, sagte der Herr zu ihr: «Ich in dir und du in mir, in meiner Allmacht wie der Fisch im Wasser.» Und sie: «O mein Herr, Fische werden oft durch Netze aus dem Wasser gezogen; wie, wenn das auch mir zustößt?» Darauf der Herr: «Du kannst aus mir nicht herausgezogen werden; sondern wirst in meinem göttlichen Herzen nisten.» Und sie: «Was wird mein Nest sein?» Der Herr erwiderte: «Demut angesichts jeder Gabe und Gnade, die ich dir verleihe: versenke dich immerdar im Abgrund wahrer Demut.» Und die Seele: «Fische fruchten im Wasser; was wird meine Frucht sein?» Der Herr zu ihr: «Wenn du mich dem himmlischen Vater anbietest zur Freude und Ehre aller Heiligen, dann wird ihre Freude und ihr Lohn so gemehrt, als ob sie mich leiblich auf Erden empfinden; und das ist deine Frucht.» Nun dachte die Seele nach, wie sol-

ches in den Patriarchen und Propheten sich verwirklichen möchte, da sie den Leib des Herrn auf Erden nicht empfangen hatten. Der Herr sprach: «Was die Apostel besaßen, das haben auch die Patriarchen und Propheten durch Glaube und Hoffnung bekommen, und so gehört es ihnen jetzt ebenso wahrhaftig wie den Aposteln.»

STRÖMEND IM HERZEN

[32] Während ihrer Krankheit kam die Fastenzeit; sie hatte beschlossen, im Geiste mit dem Herrn zusammen in der Wüste zu bleiben. Eines Nachts, da ihr deuchte, mit dem Herrn in der Wüste zu sein, frug sie ihn, wo er diese erste Nacht verbringen wolle. Der Herr zeigt ihr einen wunderschönen, aber hohlen Baum, der der Baum der Demut genannte wurde, und sprach: «Hier werde ich übernachten.» Mit diesen Worten trat er in den hohlen Baum ein. Da frug sie: «Und ich, wo soll ich bleiben?» Und der Herr: «Kannst du nicht in meinen Schoß fliegen und da ruhen, so wie die Vögel zu tun pflegen?» Und alsogleich sah sie sich selbst in Gestalt eines Vögleins, das in des Herrn Schoß flog und dort aufs ungestörteste ruhte. Sie sprach zum Herrn: «Mildester Herr, lege deinen Finger auf mein Haupt, damit ich so einschlafe.» Und der Herr: «Weißt du nicht, daß die kleinen Vögel, wenn sie schlafen wollen, den Kopf in die Federn stecken?» Sie aber: «Herr, was sind denn meine Federn?» Er erwiderte: «Deine Sehnsucht ist eine rote Feder, denn sie brennt immer; deine Liebe ist eine grüne Feder, denn sie grünt und wächst sich aus. Deine Hoffnung ist eine feuerfarbene Feder, denn unablässig begehrst du nach mir.»

Dann sah sie kleine Tropfen aus dem Herzen des Herrn träufeln, die sie mit ihrem Schnabel gierig auffing und woraus sie eine nie erfahrene und unaussprechliche Wonne gewann.   *

In einer andern Nacht frug sie den Herrn abermals, wo er übernachten wolle. Er erwiderte: «Am Fuß dieses einsamen Berges.» Er führte sie dahin, und sie sah dort den Born der Barmherzigkeit aus der Wurzel des Berges entspringen, und daneben stand eine silberne Schale. Er sagte zu ihr: «Aus diesem Born kredenze allen, so wie es dir selber gefällt.» Sie darauf: «Bitte, Herr, tu du es an meiner Stelle; ich bin ungeeignet zu diesem Werk, hinfällig und schwach wie ich bin.» Da traten statt ihrer die heiligen Engel herzu und kredenzten aus der Quelle: zuerst der glorreichen Jungfrau Maria zur Mehrung ihrer ganzen Seligkeit. Und während sie trank, gaben alle Tropfen in ihrem Mund einen so wundersamen lieblichen Laut, daß alle Bewohner des seligen Jerusalem in neuer Freude jubelten. Dann bekamen die Patriarchen, die Propheten, die Apostel, die Märtyrer, die Bekenner, die Jungfrauen, die Witwen, die Eheleute und alle Bürger des Himmels, und sämtliche tranken auf gleiche Weise, und die einzelnen Tropfen erklangen wie vorher bei der Jungfrau Maria zum Lobe Gottes.

Dann schenkten sie aus dem gleichen Born der Barmherzigkeit auch der streitenden Kirche aus: zuerst dem apostolischen Herrn, den Kardinälen, Erzbischöfen, Bischöfen und allen geistlichen Personen. Nachher den Kaisern, den Königen, den Fürsten und allen Richtern und Lenkern der Gläubigen, schließlich allen auf Erden Lebenden insgesamt.

Dann schenkten die Engel, in Stellvertretung für die Braut Christi, auch den Seelen im Fegfeuer vom Quell der Barmherzigkeit aus. Alle tranken daraus, doch empfanden nicht alle jenen Laut und jene Süßigkeit wie die triumphierende Kirche.

Schließlich bot der Herr selber in seiner Güte allen erwähnten Personen der streitenden wie der triumphierenden Kirche auf die Bitte seiner Dienerin hin aus seinem Herzen einen Nektartrank in einer kleinen Schale.

In der folgenden Nacht wurde sie abermals im Geist zum erwähnten Quell der Erbarmung geführt und sah daraus einen gewaltigen Strahl der demütigen Dankbarkeit entspringen, und dieser Strahl ging durch das Herz Jesu Christi, um von da ganz lauter in den gleichen Quell zurückzuströmen. Das ist so zu verstehen: Da die Gaben Gottes gar verschieden sind und nicht alle Menschen die gleichen Gaben erhalten, und «die Gaben eingeteilt werden» (1 Kor 12,4), soll jeder auf die ihm von Gott verliehenen Gaben sorgsam achthaben und sie mit Dankbarkeit zu Gott zurückgießen, indem er sich alles Guten und des Daseins selbst unwert erachtet, und in seiner Erniedrigung immer sagen: «Ich bin geringer als alle deine Erbarmungen» (Gen 32,10). Und er soll sich weiter kein Gut wünschen, es sei denn allein zum Lobe Gottes, und er soll die Gewißheit haben, daß alles ihm Zustoßende, Freudiges wie Leidiges, ihm von Gott aus übergroßer Liebe verliehen sei, und so mit Danksagung, geeint der Dankbarkeit Jesu Christi, wie durch sein heiliges Herz hindurch, alle Gottesgaben zu ihrem Ursprung zurückgießen.

III

DES CHRISTEN HEILIGE LAST

DER VERSCHENKTE GOTT

[33] Als die Messe «Der Herr sprach zu mir»[1] zum Gedächtnis und zu Ehren der verborgenen und unaussprechlichen ewigen Geburt Christi aus Gott dem Vater gesungen wurde, vermeinte sie Gott Vater zu sehen als mächtigen König unter einem wundersamen Gezelt sitzend auf elfenbeinernem Thron; und er sprach zur Seele: «Komm und empfange den mitewigen und eingebornen Sohn meines Herzens und teile ihn allen mit, die in ehrfürchtigem Dank seine höchste und immerwährende Geburt aus mir verehren. Da sah sie vom Herzen Gottes ein Licht ausgehen, das sich dem Herzen der Seele anschmiegte in Gestalt eines lichten Kindleins. Sie grüßte es mit den Worten: «Sei gegrüßt, du Abglanz der ewigen Glorie», usf. Dann trug sie den Knaben rings zu allen Anwesenden und gab ihn jedem Einzelnen, und nichtsdestoweniger barg sie ihn auch selber an ihrem Herzen.

... Beim Evangelium «Es erging ein Edikt» (Lk 2) kam ihr vor, als sage ihr Gott der Vater: «Geh zur jungfräulichen Mutter meines Sohnes und bitte sie, sie möge dir ihren Sohn geben mit all der Freude, womit sie ihn gebar, und all dem Guten, womit ich ihn ihr und der ganzen Welt schenkte.» Sie ging hin und fand das Kind in der Krippe liegend und in Windeln eingewickelt, und das Kind sprach: «Da ich zur Welt geboren ward, wurde ich sogleich in Tücher und Binden eingewickelt, so daß ich mich nicht regen konnte, zum Zeichen dafür, daß ich mitsamt allen Gütern, die ich mit mir vom Himmel brachte, in die Gewalt des Menschen mich gab und in seine restlose Verwendung. Denn wer gefesselt ist, hat keine Macht; er kann sich in keiner Weise verteidigen und man kann ihm alles wegnehmen, was er hat. Und als ich die Welt verließ, wurde ich wiederum dem Kreuz so angeheftet, daß ich mich gar nicht mehr rühren konnte, zum Zeichen,

[1] In der Weihnachtsnacht.

daß ich alles Gute, was ich als Mensch vollbrachte, dem Menschen überließ. Und wirklich habe ich meinen ganzen Erdenwandel und alle meine menschlichen und göttlichen Güter und meine Leiden restlos dem Menschen anheimgestellt. So mag er denn getrost mir das Meine wegnehmen; ja ich wünsche nichts anderes, als daß er meine Güter nützlich verwende.»

DIE LAST DER GNADE

[34] Und wiederum sprach der Herr: «Solange der Sünder sündigt, fesselt er mich gleichsam ausgespannt an das Kreuz. Sobald er aber durch Buße sich zu mir bekehrt, löst er mich alsobald los; und ich, vom Kreuze gleichsam abgelöst, falle mitsamt meiner Gnade und Erbarmung, mit meiner ganzen Last auf ihn, wie ich einst auf Joseph, der mich vom Kreuz losband, herabsank, und gebe mich gänzlich in seine Gewalt, so daß er mit mir machen kann, was er will. Verharrt er jedoch bis zum Tod in der Sünde, so wird meine Gerechtigkeit mit Macht auf ihm lasten und ihn richten, wie er es verdient hat.»

DIE AUFGEHOBENEN TRÄNEN

[35] Als sie das Evangelium singen hörte, worin Jesus Tränen vergießt, und er darauf ihr ganzes Sinnen erfüllte, sprach der Herr zu ihr: «Sooft ich auf Erden mich in die unaussprechliche Einigung hineindachte, die mich mit Gott dem Vater vereinigte und eins mit ihm machte, konnte sich meine Menschheit der Tränen nicht erwehren. Und sooft ich auch an die unschätzbare Liebe dachte, die mich aus dem Schoß des Vaters gelockt und der menschlichen Natur vereinigt hatte, konnte meine Menschheit sich der Tränen nicht mehr enthalten.» Da

sprach jene: «Und wo sind alle diese Tränen, die dir je aus Liebe entströmt sind?» Er erwiderte: «Sie haben einen geheimen Ort in meinem Herzen; wie einer, der einen besonders teuren Schatz hat, ihn an einem verborgenen und besonderen Ort verwahrt.» Sie nun: «Du sagtest mir einmal, die Tränen der Liebe würden in deinem Herzen wie in einer Flamme verzehrt?» Der Herr darauf: «Es ist wahr, im Brand meines Herzens werden sie wie Wasser, das in die Flamme gesprengt wird, wegverzehrt, aber doch nicht verbrannt, sondern im Geheimsten meines Herzens sind sie wohlverwahrt.»

EIN GEIST MIT MIR

[36] Da sie einst den Leib des Herrn im heiligsten Sakrament empfangen hatte, deuchte sie, nach süßer Unterredung, als griffe der Herr nach dem Herzen ihrer Seele und presse es so an sein Herz, daß er aus beiden eine einzige Masse bilde. Er sprach: «Mein Wille war es, daß die Menschenherzen mir so durch Begierden geneigt seien, daß der Mensch nichts mehr für sich begehre, sondern alle seine Begierden meinem Herzen gemäß ordne, wie zwei Winde, die zusammen blasen, einen einzigen Luftstrom bilden. Ferner soll er mir geeint sein in allen seinen Werken, zum Beispiel, wenn er schlafen oder essen muß. Er sage dann in seinem Herzen: Herr, in Einigung mit der Liebe, wodurch du mir diese Bequemlichkeit geschaffen hast und selber auf Erden ihrer dich bedienen wolltest, unternehme ich sie, dir zu ewigem Lob und zu meines Körpers Notwendigkeit. Desgleichen, wenn ein Werk ihm aufgetragen wird, soll er sagen: Herr, in Einigung mit der Liebe, worin du dich in Mühsal zu üben gewürdigt hast und immer weiter in den Seelen wirkst und nun auch mir dieses Werk aufträgst, unternehme ich es, dir zum Lob und zum Nutzen der Gesamtheit. Du hast ja

gesagt: ohne mich könnt ihr nichts tun (Joh 15,5); deshalb bitte ich, daß es mit deiner vollkommensten Tätigkeit vereint und von ihr vervollkommnet werde, so wie ein Wassertropfen, in einen großen Strom gebracht, alles mittut, was der Fluß leistet. Endlich soll der Mensch durch die Zusammenstimmung der Willen alles wollen, was auch ich will, im Widrigen so gut wie im Günstigen, so wie Bernstein, im Feuer geschmolzen, sich künftighin nicht mehr teilen läßt, so wird jener Mensch durch die Liebe ein Geist mit mir (1 Kor 6,17), was die höchste hienieden erreichbare Vollkommenheit ist.»

DAS ANTLITZ ALS SPEISE UND TRANK

[37] Um die Andacht der Gläubigen bei der Verehrung des Bildnisses unseres Herrn Jesu Christi [auf dem Schweißtuch Veronikas] zu erwecken, wurde ihr am Sonntag «Omnis Terra»[1], da man in Rom das Fest der Vorzeigung dieses Bildes feiert, ein solches Gesicht zuteil: Sie erblickte den Herrn auf einem blumenreichen Berg, auf einem Stuhl von Jaspis, verbrämt mit Gold und rotem Gestein. Der grüne Jaspis bedeutet die schwellende Kraft der ewigen Gottheit, das Gold die Liebe, das rote Gestein die Passion, die er aus Liebe zu uns erlitt... Alle nun, die sich mit Gebet zur Verehrung des Bildes des Herrn anschickten, traten zum Herrn hinzu. Sie trugen auf ihren Schultern die Last ihrer Sünden und luden sie vor den Füßen des Herrn ab... Und der Herr sprach: «Was wollen wir damit tun? Nun denn, so möge alles in der Liebe verbrannt werden.» Und er fügte hinzu: «Man bereite den Tisch.» Sogleich wurde ein Tisch gesehen vor dem Herrn, beladen mit Schüsseln und goldenen Bechern. Das Antlitz des Herrn aber, strahlend wie eine Sonne, füllte jedes einzelne Gefäß mit Glanz, anstelle von

[1] Introitus am 2. Sonntag nach Epiphanie.

Speise und Trank. Und alle, die zugegen waren, gingen vor dem Tisch in die Knie; sie waren bekleidet mit der Herrlichkeit des Antlitzes des Herrn wie mit einem Gewand, und sie empfingen die Speise und den Trank, die für Engel und Selige das lieblichste Labsal sind.

Jenen aber, die an diesem Tag nicht zu dem lebensspendenden Sakramente hinzugetreten und doch mit Andacht zugegen gewesen waren, schickte der Herr durch Sankt Johannes den Evangelisten wie in einer Schüssel eine Erquickung, gemäß seiner königlichen Freigebigkeit...

Die Magd Gottes lehrte die Schwestern, andächtig im Geist nach Rom zu pilgern an dem Tag, da das heilige Schweißtuch ausgestellt wird.

DIE FRUCHT AUS DEM HERZEN

[38] Einmal legte die Liebe ihr ein Kleid aus Sonnenlicht um, und beide traten heran, die Liebe und die Seele, und standen vor dem Angesicht Christi gleich schönen Jungfrauen. Die Seele aber wäre gar gerne noch näher hinzugetreten, denn obwohl sie das kaiserliche Antlitz beschaute, genügte ihr dies doch nicht. Als sie selbst darüber erstaunt und von großer Begierde erfüllt war, winkte ihr der Herr mit der Hand. Da nahm die Liebe sie und führte die Seele zum Herrn, und diese neigte sich zur Wunde des Erlöserherzens und trank daraus Becher aller Wonne. Alle ihre Bitterkeit wendete sich da in Süße, und ihre Angst kehrte sich um in Gewißheit. Und sie sog aus dem Herzen Christi eine Frucht, die aus seinem Herzen in ihren Mund überging: es war die Frucht der ewigen Lobpreisung, die aus dem Herzen Gottes hervorgeht; denn alles Lob, womit er gelobt wird, strömt von ihm aus, dem lauteren Quell alles Guten. Und noch eine andere Frucht empfing sie: die Danksagung; denn nichts vermag die Seele aus sich selbst, wenn nicht Gott ihr zuvorkommt.

Und der Herr sprach zu ihr: «Nun begehre ich vor allen Dingen eine Frucht von dir.» Die Seele: «Liebster Gott, welches ist diese Frucht?» Der Herr: «Daß du alle Ergötzung deines Herzens auf mich allein setzest.» Sie darauf: «Einzig Liebender, wie kann ich's vollbringen?» Er erwiderte: «Meine Liebe wird es in dir schaffen.» Da sagte sie in einem Überschwang von Dankbarkeit: «O ja, o ja, Minne, Minne, Minne!» Und der Herr: «Die Minne rufst du wie deine Mutter, und wirklich wird meine Liebe dir Mutter sein, und wie die Kinder an der Mutter Brust saugen, so wirst du aus ihr inwendige Tröstung saugen, unsägliche Süßigkeit, und sie wird dich ernähren und tränken und kleiden und wie eine Mutter für ihre einzige Tochter in jeglicher Notdurft für dich sorgen.»

CHRISTUS IN UNS

[39]   Einst erschien ihr der König der Glorie, Christus, an hocherhabenem Ort von all seiner Herrlichkeit umstrahlt... Die Seele aber fühlte sich weit weg davon, und sie dachte bei sich das Wort des Propheten: «Weh, aus weiter Ferne erschien mir der Herr»(Jer 31,3).Da entgegnete er ihr: «Wie denn? Wo immer du weilst, dort ist mein Himmel; du magst essen oder schlafen oder sonst etwas tun, immer ist meine Wohnstatt in dir.»

FERN UND NAH

[40]   Da sie eines Tages vor Schwäche nicht weitergehen konnte und die Messe vom Kreuzgang aus anhörte, seufzte sie, von Gott soweit entfernt zu sein. Der Herr erwiderte ihr sogleich: «Wo immer du bist, da bin ich auch.» Da frug sie, ob es von Schaden sei, wenn die Menschen die Messe aus der Entfernung anhörten. Der Herr darauf:

«Gut ist es, wenn der Mensch anwesend ist; kann er es in keiner Weise, so sei er doch so nah, daß er wenigstens die Worte vernehmen kann; denn der Apostel sagt ja: ‚Das Wort Gottes ist lebendig und wirksam und durchdringend' (Hebr 4,12). Gottes Wort verlebendigt die Seele und gießt ihr geistliche Freude ein, wie man deutlich an ungebildeten und ungeistigen Menschen ersehen mag, die auch, wenn sie nicht verstehen, was gebetet und gesungen wird, doch eine Freude im Heiligen Geist verspüren und davon zur Sinnesänderung angeregt werden. Gottes Wort macht die Seele wirkkräftig zum rechten Gehaben und allem Guten, und es durchdringt sie, indem es ihr ganzes Inneres erleuchtet. Ist aber jemand durch Krankheit oder Gehorsam oder sonst einen vernünftigen Grund verhindert, so mag er sich aufhalten wo er will, ich bin dort und ihm gegenwärtig.»

MIT ALLEN SINNEN ZU GOTT

[41] Einst sprach der Herr zu ihr: «Suche mich mit deinen fünf Sinnen und mache es wie ein Gastfreund, der beim Nahen eines sehr geliebten Freundes aus Fenster und Türen Ausschau hält, ob er wohl schon irgendwo des Ersehnten ansichtig werde. So soll die treue Seele in ihren fünf Sinnen, die ihre Fenster sind, mich immerdar suchen. Erblickt sie etwas Schönes und Liebliches, denke sie, wie schön und liebenswert und gut derjenige ist, der dies gemacht hat, und so lenke sie schnurstracks zu ihm, der alles erschuf. Hört sie eine süße Melodie oder sonst etwas, das sie begeistert, denke sie: ach, wie überlieb wird die Stimme dessen sein, der dich einst rufen wird, aus dem jede Anmut und jeder Wohlklang der Stimme ausging, und wenn sie die Menschen etwas reden hört oder wenn etwas vorgelesen wird, horche sie immer gespannt, ob sie wohl etwas vernehme, worin sie den Geliebten zu fin-

den vermöchte. Und so suche sie auch in allem, was sie selber redet, die Ehre Gottes und das Heil des Nächsten. Und wenn sie liest oder singt, so überlege sie: was sagt dir dein Geliebter jetzt gerade, bei diesem Vers, in dieser Lesung, oder was trägt er dir auf? Und also soll sie ihn in allen Dingen so lange suchen, bis sie etwas Leises verspürt von der Süßigkeit Gottes. Mit dem Geruch und Getast halte sie es gleicherweise, und ziehe in ihr Gedächtnis, ‚wie süß Gottes guter Geist ist' (Weish 12, 1) und wie selig einst seine Küsse und Umarmungen sein werden. Und an welcher Kreatur sie immer sich ergötze, stets behalte sie Gottes Wonnen im Gedächtnis, der all dies Schöne, Erfreuliche und Bezaubernde uns dazu erschuf, daß er alle zur Erkenntnis und zur Liebe seines Gutseins heranlocke und hinbewege.»

ALLE SINNE CHRISTI

[42] Die Seele wollte Gott loben und sprach zum Herrn: «O Liebevollster, lehre mich dich loben.» Darauf der Herr: «Blicke auf mein Herz.» Und siehe, eine wunderschöne Rose mit fünf Blütenblättern entsprang dem Herzen Gottes und bedeckte seine ganze Brust. Und der Herr sprach: «Lobe mich in meinen fünf Sinnen, die du an dieser Rose dargestellt siehst.»

Nun begriff sie, daß sie Gott loben sollte für sein liebendes Gesicht, womit er immerdar den Menschen ansieht wie ein Vater seinen einzigen Sohn, niemals unwillig, sondern immer mit freundlichem Blick, der den Menschen zu ermuntern scheint, doch immer bei ihm Zuflucht zu nehmen. Zweitens für sein Gehör, da sein Ohr immer aufhorcht und hingeneigt ist, um das leiseste Gemurmel oder Stöhnen der Menschen zu erlauschen, und davon mehr ergötzt wird als von allen Engelskonzerten. Drittens für seinen Geruch, weil er immer eine Freundesliebe zum

Menschen hat, durch die er auch des Menschen Herz anregt, sich in ihm zu ergötzen, und keiner kann sich an irgendeinem echten Gut erfreuen, falls es nicht aus Gott stammt. Deshalb steht geschrieben: ‚Meine Wonne ist es, bei den Menschenkindern zu sein' (Spr 8, 3). Viertens für seinen gar süßen Geschmack, der während der Messe gekostet wird, wo er selber zur Kost der Seele wird und in dieser Kost sich die Seele so einverleibt, in freundschaftlicher Intimität, wobei die Seele zu Gottes Speise selbst wird. Fünftens für das liebende Getast, womit ihn die Liebe gar bitter berührt hat, mit Nägeln an Händen und Füßen, ihn ans Kreuz schlagend und die Lanze in seine Seite treibend. Und wie die Seele ihm damals durch unvergleichlichen Schmerz für immer eingeheftet blieb, so bleibt sie jetzt eingepreßt seinen Händen und Füßen und seinem milden Herzen, mit einem wortlosen Jubel, unvermögend ihn auch nur einen Augenblick zu vergessen.

MEIN WILLE DEIN WILLE

[43] Während dem Kanon, da die Hostie erhoben wurde, sagte der Herr zu ihr: «Sieh, ich gebe mich als Ganzer, mit allem Guten, das in mir ist, in deiner Seele Gewalt, und was immer du mit mir tun willst, das liege ganz in deiner Entscheidung.» Jene weigerte sich, das anzunehmen, erwählte vielmehr in jeglichem seinen Willen. Und der Herr: «Nicht was ich will, sondern was du, so sei es in deiner Verfügung.» Da sie also den Willen des Herrn erkannte, sprach sie zu ihm: «In nichts begehre ich meinen Vorteil, nichts suche ich, nichts anderes will ich, als daß du heute von dir selbst und in dir selbst und durch dich selbst gelobt werdest, höher und erschöpfender als du je gelobt werden magst.»

[44] An einem Sonntag konnte sie wegen ihrer Krankheit nicht kommunizieren. Und da sie darob nicht wenig trauerte, sprach sie zum Herrn: «Mein Herr, was möchtest du, daß ich nun tun soll?» Er erwiderte: «Komm, komm, komm.» Sie aber verstand nicht, was er damit meinte. Er sagte zu ihr: «Komm mit dem Herzen zum Herz durch Liebe; komm mit dem Munde zum Mund durch Kuß, komm mit dem Geist zum Geist durch Vereinigung»... Und die Seele: «Ach, Vielgeliebter, warum redest du so, da doch nichts Gutes in mir ist?» Er entgegnete: «Wenn Honig mit Essig vermischt wird, verliert er seine Süße. Meine Süße aber kann nie so gemischt werden, daß sie ihre Süße verlöre.»

KINDLICH ZUM HERZEN

[45] Als sie einmal für jemand Fürbitte tat, sah sie dessen Seele im Herzen Gottes stehen wie ein kleines Kind und Gottes Herz mit den Händen umfassen. Und der Herr sprach: «So soll sie in jeglicher Drangsal zu mir kommen und sich an mein göttliches Herz halten, indem sie dort getröstet zu werden sucht. So werde ich sie in Ewigkeit nicht verlassen.»

KIND, BRAUT, FREUND

[46] Einmal betete sie für eine Mitschwester, die zu wissen verlangte, was Gott von ihr am meisten begehre. Für diese vernahm sie folgende Antwort: «Sie halte sich an mich wie ein kleines Kind, das seinen Vater zutraulich liebt und allzeit zu ihm läuft, damit er ihm etwas gebe. Und was immer der Vater ihm gibt, das gilt dem Kind,

weil es den Vater so liebt, für ein großes, wertvolles Geschenk. Sie soll auch immerfort nach meiner Gnade begehren, und was ich ihr gebe, soll sie nie als gering ansehen, sondern es aus Liebe mit großer Dankbarkeit in Empfang nehmen und für jede Kleinigkeit danksagen. Dann verhalte sie sich wie eine Braut, die weder für ihren Reichtum noch für ihre Schönheit oder ihren Adel, sondern aus reiner Liebe erwählt und geliebt wird und zur Königswürde aufrückt. Eine solche Braut wird sich mit Recht dankbarer, treuer, liebender als eine andere erweisen, und wenn sie etwas von ihrem Bräutigam oder um seinetwillen zu erdulden hat, es mit größerer Huld hinnehmen. So soll auch sie immer dankbar im Gedächtnis behalten, wie grundlos ich sie ›vor Grundlegung der Welt erwählte‹ (Eph 1,4), mit welch teurem Preis meines Blutes ich sie loskaufte und überdies zu meiner besonderen Liebe und Vertraulichkeit berief. Endlich verhalte sie sich wie ein Freund zum Freunde, der sich alles, was des Freundes ist, angelegen sein läßt, als wär es das Eigene. So soll sie in allem Gottes Lob suchen und so viel sie vermag es befördern, was aber wider Gott ist, keinesfalls gleichgültig hingehen lassen.

In all dem aber: wenn sie irgendeinmal etwas Gewünschtes nicht gleich erhält oder wenn ihr die gewohnte Gnade der göttlichen Tröstung entzogen wird, so soll sie sich nicht sofort aufregen und meinen, dies geschehe aus Ungnade oder weil Gott sie stehengelassen habe; denn auch ein getreuer Vater gibt dem Kinde nicht, was dieses erbittet, wenn es ihm nicht frommt, und der Bräutigam zeigt zuweilen seiner Braut gegenüber ein ernstes Gesicht, nicht aus Unwillen, sondern zu ihrer Unterweisung. So wünscht auch Gott die Treue einer Seele zu prüfen, nicht als ob er selber nicht wüßte, er, ›der alles weiß, bevor es noch geschieht‹ (Weish 8,8), sondern um sie vor allen Heiligen auszuweisen.«

[47] Eines Tages fühlte sich die Magd Gottes angetrieben, der seligsten Jungfrau über ein Hindernis zu klagen, das sie im Dienst Gottes zu erfahren vermeinte. Die Jungfrau sagte ihr: «Geh und stelle dich vor meinen Sohn in Ehrfurcht.» Bei diesem Wort erkannte jene, daß alle Hindernisse, die dem Menschen beim göttlichen Dienst begegnen können – sei es aus dem Gehaben der Mitmenschen oder aus sich selber, ein Blick, ein Vernommenes oder Verlangtes, das Andenken an geschehene Dinge –, daß er alle diese Dinge als Boten seines Herrn aufnehmen muß und ihnen mit Ehrfurcht entgegengehen, um sie auf Gott hinzulenken, indem sie sie durch Lobpreis und Danksagung zu ihm zurücklenkt.

Da fiel sie dem Herrn zu Füßen. Und als sie sich wieder erhob, schien ihr, als sähe sie zwei Spiegel vor den Knien Gottes, und als sei sein Gewand übersät von Spiegeln, und als trage seine Brust einen besonders hellstrahlenden Spiegel, von welchem alle jene vorher gesehenen ausgeströmt zu sein schienen.

Sie begriff darin, daß alle Glieder Christi in ihren Verrichtungen uns wie Spiegel vorleuchten, und alle seine Werke aus Liebe von seinem Herzen ausgingen. Seine Füße leuchten uns, nämlich sein Eifer, aus dem wir wahrnehmen sollen, wie lau unser Begehren nach dem Göttlichen ist, wie eitel auf Menschliches gerichtet. Die Knie Christi sind uns Spiegel der Demut, sie, die so oft im Gebet für uns sich beugten, zuletzt noch, als die Füße der Apostel gewaschen wurden. Dort können wir unseren Hochmut ablesen, der nicht duldet, daß wir verdemütigt werden, die wir doch Staub und Asche sind. Das Herz Christi ist uns der Spiegel glühender Liebe, in welchem wir erschauen können, wie kalt unsere Herzen sind gegen Gott und den Nächsten. Der Mund Christi ist uns der Spiegel lieblicher Rede in Lobpreis und Danksagung, in ihm erkennen wir die Eitelkeit unserer Worte und unsere Versäumnisse in Gotteslob und Gebet. Die Augen des Herrn sind uns Spiegel der göttlichen Wahrheit, dort können wir die Finsternisse unserer Untreue wahrnehmen, und wie sie uns von der Erkenntnis der Wahrheit abhalten. Die Ohren des Herrn sind uns Spiegel des Gehorsams; denn wie er immer bereit war, Gott dem Vater zu gehorchen, so ist er geneigt, unser Gebet zu hören.

CHRISTUS UNSER BEICHTSPIEGEL

[48] Vor der Beichte soll der Mensch sich selber entblößen durch Erforschung des eigenen Zustands, gleich wie Christus sich entblößt hat vor der Geißelung und dem Kreuz. Und wie Christus vor den Ruten nackt sein wollte, so soll mit Recht auch der Mensch vor dem Worte nackt sein wollen.

Ferner soll der Mensch, bevor er beichtet, das Gesicht seiner Seele im Spiegel der Vorzüge Christi betrachten. Im Spiegel der Erniedrigung Christi betrachte er also achtsam seine Demut, ob er sie durch Hochmut und Hochfahrenheit verletzt habe. Im Spiegel der Geduld Christi erprobe er seine Geduld, ob er in sich finde Makel der Ungeduld. Im Spiegel des Gehorsams Christi erforsche er seine Züge, ob er nicht darauf die Schuld des Ungehorsams entdecke. Im Spiegel der Liebe Christi suche er zu sehen, wie liebevoll er zu seinen Obern sei, wie friedliebend zu seinen Gleichgestellten, wie sanftmütig zu den ihm Untergebenen. Und wenn er in solchen oder ähnlichen Dingen etwas am Seelenantlitz zu Tadelndes wahrnimmt, so wische er es ab mit dem zarten Tuch der Menschheit Christi. Er rufe sich ins Gedächtnis, daß Christus unser Bruder ist, und daß er in seiner Gütigkeit dem Menschen vergibt, der seine Schuld anerkennt. Es hüte sich also der Mensch davor, rauh und bitter an seinen

Flecken herumzureiben, nämlich ohne Erwägung der
göttlichen Güte; denn wenn er zu hart reibt, zerreißt er
mehr, als daß er heilt.

GOTTES ANTLITZ UNSER SPIEGEL

[49] Als sie sich eines Tages vor der Kommunion ganz
unwürdig und unvorbereitet vorkam, sagte der Herr zu
ihr: «Schau, ich gebe mich dir ganz, zu aller Vorbereitung», und er legte sein Herz an das Herz der Seele und
neigte sein Haupt über ihr Haupt. Sie sagte zu ihm:
«Mein Herr, durch die Klarheit deines Angesichts erleuchte das Gesicht meiner Seele.» Der Herr darauf:
«Was ist das Angesicht deiner Seele?» Und da jene
schwieg, sagte er: «Es ist das Bild der heiligen Dreifaltigkeit. Dieses Bild beschaue die Seele in meinem Antlitz wie
in einem Spiegel, damit nicht etwa ein tadelnswerter Makel an ihr erfunden werde.»

Aus diesen Worten entnahm sie, daß, wenn der Mensch
sein *Gedächtnis* mit irdischen Dingen und unnützen Gedanken erfüllt, er dieses Bild in sich trübt. Ebenso wenn
er seinen *Verstand* zu irdischer Weisheit und Neugier
wendet, beschmutzt er sein Antlitz. Wenn er endlich von
Gottes *Willen* abweicht und etwas neben Gott liebt und
sich an Vergänglichem ergötzt, verunstaltet er Gottes
Bild in sich.

Weil also die Seele, solang sie im Leibe weilt, häufig
vom Irdischen her sich Befleckungen zuzieht, muß sie oft
im Spiegel, das heißt in Gottes Antlitz, ihr Antlitz betrachten, wo sie ihr unentstelltes Bild aufs deutlichste
sehen kann, zumal wenn sie zum Sakrament des Herrn
hinzutreten will.

[50] An einem Sonntag, da das «Asperges me» gesungen wurde, sprach sie zum Herrn: «Mein Herr, worin willst du jetzt mein Herz waschen und läutern?» Und sogleich neigte sich der Herr zu ihr mit unaussprechlicher Liebe und begegnete ihr wie eine Mutter ihrem Sohne, umfing sie ganz und sprach: «In der Liebe meines göttlichen Herzens will ich dich waschen.» Er öffnete das Tor seines Herzens, das Schatzhaus der seligen Gottheit, und sie trat darin ein wie in einen Rebgarten. Sie erblickte daselbst einen Strom lebendigen Wassers vom Aufgang bis zum Niedergang, und um den Strom zwölf Bäume, die zwölf Früchte tragen, das sind die Tugenden, die der heilige Paulus in seinem Brief aufzählt: Liebe, Freude, Friede und so fort (Gal 5,22). Dies Wasser wird genannt: Fluß der Liebe. Die Seele tauchte hinein und wurde darin von allen Makeln gewaschen. Im Flusse regte sich eine Menge goldgeschuppter Fische; es waren liebende Seelen, die, von allen irdischen Lüsten gesondert, sich in den Quell alles Guten, in Jesus, versenkt hatten. Im Rebgarten waren Weinstöcke gepflanzt; die einen standen aufrecht, andere waren zu Boden geneigt. Die Aufrechten sind jene, die die Welt mit ihren Blüten verschmähten und ihren Sinn zum Himmlischen emporrichten; die Niedergebeugten sind jene Bedauernswerten, die im Erdenstaub ihrer Sünden liegen. Der Herr aber grub die Erde um; er glich einem Gärtner. Sie fragte ihn: «O Herr, was ist denn deine Schaufel?» Er aber sprach: «Meine Angst.» An manchen Stellen war der Boden hart, an andern weich; hart in den Herzen der in Sünde Verhärteten, die durch keine Ermahnung oder Strafe gebessert werden; weich in den Herzen derer, die durch Tränen und wahre Reue erweicht sind.

Und der Herr sprach: «Dieser mein Rebgarten ist die katholische Kirche, in der ich mich dreiunddreißig Jahre mit viel Anstrengung abgemüht habe. Arbeite du mit mir in meinem Rebberg.» Und sie: «In welcher Art?» Der Herr entgegnete: «Indem du ihn wässerst.» Sogleich lief die Seele eilends zum Fluß und hob einen Wasserkrug auf ihre Schultern; er lastete schwer auf ihr. Da trat der Herr heran und trug mit, und die Bürde wurde ihr leicht. Und er sprach: «Wenn ich so den Menschen meine Gnade verleihe, erscheint alles, was sie für mich tun oder erdulden, leicht und süß: entziehe ich aber die Gnade, so dünkt sie alles schwer.»

Um die Weinreben aber sah sie eine große Schar Engel gleich einer Mauer, denn die Engel ergehen sich unter uns und umstehen uns, indem sie die Kirche Gottes verteidigen.

DREI LEBENSBAHNEN

[51] Während der Gebetszeit sprach die Magd Christi zum Herrn: «O tausendfach Ersehnter, könnte ich doch aus den tiefsten Abgründen der Welt zu dir seufzen!» Der Herr entgegnete ihr: «Und was würde dir das nützen? Denn an jeglichem Ort ziehst du mich durch dein Seufzen in dich. Wie ein menschliches Herz ohne Luft nicht leben kann, so lebt eine Seele ohne meinen Geisthauch durchaus nicht; sie muß als tot erachtet werden. Und wie ein Menschenherz drei Lebensbahnen hat: eine für die Luft, die es atmet, die andere, wodurch es mit Speise und Trank gestärkt wird, die dritte, auf der sie den übrigen Gliedern die Kräfte mitteilt: so hat auch das Herz der Seele drei Lebensbahnen. Auf der ersten zieht sie meinen göttlichen Geisthauch in sich, durch die zweite wird sie mit Gottes Wort, nämlich mit Predigten und andern Lesungen der Heiligen Schrift als mit ausgezeichneter Speise gestärkt, auf der dritten liefert sie durch Werke der Liebe den Gliedern Kraft. Und da die Seele keine eigenen Leibesglieder besitzt, so spendet sie ihre Liebe den Gliedern der Kirche,

die sie als ihre eigenen erachtet, indem sie für die Guten und Gerechten Gott Lobpreis und Danksagung darbringt, für die Mittelmäßigen fleht, damit sie sich bessern, für die Bösen, damit sie sich bekehren, für alle Bedrängten, damit sie ihrem Bedürfen gemäß getröstet werden, für die Abgeschiedenen, daß sie rascher gereinigt die himmlischen Freuden erlangen mögen.»

DER MISCHKRUG

[52] Einmal betete sie für eine, die Gewißheit darüber gefordert hatte, daß sie in Gott ausharren würde. Da sah sie die Seele derselben vor dem Herrn knien und ihm ihr Herz kredenzen in Gestalt eines Bechers mit zwei Henkeln, die den Willen und den Eifer bedeuteten, womit sie Gott ihr Herz darbrachte. Der Herr aber nahm den Kelch dankend entgegen und setzte ihn in seinen Schoß. Er selbst hatte zwei Krüge, einen goldenen zur Rechten und zur Linken einen silbernen; und er goß bald aus dem einen, bald aus dem andern in den Kelch, derweil sich beides vermischte. Im goldenen Krug war die Süßigkeit der Gottheit; im silbernen aber die Mühsal seiner Menschheit; beides flößt er gleichzeitig dem Herzen des Menschen ein: in der Bedrängnis gibt er ihm göttliche Tröstung zu verspüren und schenkt ihm die Mühsal seiner Menschheit zur Erquickung.

Und der Herr sagte: «Wenn der Mensch niedergedrückt wird, und er opfert's mir vom ersten Anfang an, so kann ich davon trinken und gieße ihm von meinem Munde so viel Süßigkeit darein, daß sein Kelch gar edel davon wird und nimmermehr verderben kann. Wenn aber der Mensch als erster davon trinkt, so vergiftet er den Inhalt, und je mehr er trinkt, desto bitterer wird das Getränk, so sehr, daß es sich für mich nicht mehr ziemt, davon zu trinken, es sei denn, es werde durch Buße und Beichte gereinigt.»

DAS GEWAND AUS UNSERN SCHMERZEN

[53] Als sie einmal in heftigen Schmerzen darniederlag, erschien ihr Christus der Herr, angetan mit weißem Gewand und einem Gürtel aus grüner Seide und kleinen goldenen Schildern, der bis zu den Knien reichte. Sie wunderte sich und hätte gerne gewußt, was dies bedeute. Der Herr sprach zu ihr: «Sieh, ich habe deine Schmerzen angezogen. Der Gürtel zeigt an, daß du von Schmerzen rings umgeben bist bis zu den Knien. Ich aber will sie alle in mich ziehen und will alle in dir durchleiden; so werde ich zu Gott Vaters höchstem Wohlgefallen all deine Schmerzen meiner Passion einverleibt darbieten und bei dir sein bis zu deinem letzten Hauch.»

DAS FESTGEWAND

[54] Da an einem gewissen Fest eine Schwester krank war, bat diese Jungfrau Christi in mitleidiger Liebe den Herrn für die Kranke und hielt ihm mit frommen Klagen vor, warum er denn seine treue Freundin, von der er wisse, wie eifrig sie ihm im Chore zu dienen pflegte, aufs Krankenlager werfe.

Der Herr entgegnete: «Und warum soll es mir nicht erlaubt sein, mit meiner Freundin, wenn es mir gefällt, auch einmal zu tanzen? Denn wenn einer krank ist, dann ziehe ich seine Seele an wie ein Festkleid und trete damit in der Fröhlichkeit meines Herzens vor meinen Vater, danksagend und lobpreisend für alle Schmerzen, die jener Mensch geduldig erträgt.»

DER UNGESCHMECKTE TROST

[55] Einmal sah sie den Herrn vor sich stehen mit einer goldenen Geißel in der Hand und ihr drohen. Da fiel sie zu Boden und umfing die Geißel des Herrn. Und es ward ihr zu verstehen gegeben, daß der Mensch mit Dankbarkeit jede Gabe Gottes annehmen soll, erfreuliche wie peinliche. Der Herr aber hob sie auf und zog ihr ein rotes Gewand voller Löcher an, mit den Worten: «So war mein Leib in der Passion ganz und von allen Seiten durchlöchert und in Schmerzen zerfetzt, daß von der Fußsohle bis zum Scheitel nichts Heiles mehr an mir war.» Er deutete damit auf die Krankheit voraus, die sie bald darauf befallen sollte.

Auch sah sie, wie der Herr einen goldenen Kelch hinter sich hielt. Sie begriff daraus, daß die Tröstung, die Gott der Seele einzuflößen vorhat, von dieser weder gesehen noch geschmeckt wird, sie ist vielmehr in Gott verborgen ist, aus dem jegliches Gute ausgeht.

DIE LANGE SEHNSUCHT

[56] Als sie ein andermal Gott danksagte für das Verlangen, welches er empfunden hatte, als er sprach: «Mit Sehnsucht habe ich danach verlangt, dieses Ostermahl mit euch zu essen» (Lk 22, 15), da wurde ihr vom Herrn diese Antwort: «Ich wünschte, daß alle sich erinnerten, durch wie lange Zeit hindurch mein Sehnen währte; dann würden auch sie nicht ermüden, wenn ihre Sehnsüchte gelegentlich durch göttliche Verfügung lange auf Erfüllung warten müssen.»

DER AUSGESOGENE

[57] Als sie einst einen Menschen sah, der sich im Dienste Gottes erschöpft und fast gänzlich aufgerieben hatte, sagte sie zum Herrn: «Ach, Herr, wie hast du denn seine ganze Kraft in dich gezogen und, wie eine Biene die Blüte, ihn so ganz ausgesogen?» Der Herr sprach: «Ich bin eine Biene, der ich meine eigene Süßigkeit in mich einsauge.» Da sah sie wie eine Biene aus dem Munde Gottes fliegen und wieder zu ihm kehren. Sie dachte nach, was dies sei; da sagte der Herr: «Diese Biene ist mein Geist. Wenn ich aber den Menschen meine Gnade eingieße und sie wieder von ihnen zurückempfange, so bereite ich in meinem göttlichen Herzen den Honig ewiger Süße.»

VERZICHT AUF DEN FEIND

[58] Da eine Schwester ihr voll Niedergeschlagenheit ihre Beschwerden klagte, betete sie zum Herrn für jene. Der Herr aber sprach: «Sag ihr, sie soll mir ihre Feinde geben, und ich werde ihr dafür mich selbst mit all meinen Heiligen geben, zu ewigem Lohn.»

DER STAB OHNE KNAUF

[59] Ein andermal, als sie vielfach verwirrt war, floh sie zum Herrn, dem treuesten Helfer. Sogleich erschien ihr Christus als ein schöner Jüngling und führte sie vor den Altar. Sie erkannte daraus, daß er ihr Fürsprecher sein wollte beim Vater für alles Versäumte und Begangene. Er gab ihr einen Stab, um sich darauf zu stützen, doch besaß dieser keinen Knauf, auf den man sich stützen konnte. Der Stab war ein Sinnbild für die Menschheit Christi. Die Magd verwunderte sich über das Fehlen des Knaufes,

und der Herr erklärte ihr: «Ich selber will meine Hand darauf legen, damit du gestützt werdest. Wenn ich Trost in Trauer verleihe, dann weißt du, daß du in meiner Hand ruhst; fühlst du aber keinen Trost, dann weißt du, daß ich meine Hand entzog, und dann hange an mir mit treugläubigem Herzen.»

DIE LIEBE WIRD GEDÄMPFT

[60] Als der Teufel die Magd Gottes heftig und häufig mit Versuchungen bedrängte, wie er es mit allen, die Gott anhangen, zu tun pflegt, geschah es eines Tages, da Gott ihr eine große Gnade mitgeteilt hatte und sie in seiner Gegenwart weilte, daß der Versucher ihr die angstvolle Furcht einflößte, jene Gabe stamme nicht von Gott. Und da sie sich lange abgemüht, fiel sie zuletzt dem Herrn zu Füßen und klagte über die Untreue ihres Herzens: «Schau, Meister, ich biete dir diese Gnade zu deiner ewigen Ehre und Verherrlichung an und bitte dich, falls sie nicht aus dir ist, daß sie mir nie mehr zuteil werde, denn lieber will ich auf allen Geschmack und alle Tröstung um deinetwillen verzichten.» Der Herr aber redete sie bei ihrem Eigennamen an und sprach: «Liebe Mechthild, fürchte dich nicht, ich schwöre dir bei der Tucht meiner Gottheit: Angst und Traurigkeit werden dir nicht schaden, dich vielmehr heiligen und zu meiner Gnade bereiten. Und würden sie deines Herzens Freude nicht dämpfen, so müßte dein Herz ob des übermäßigen Zustroms an Lust zu schlagen aufhören. Wundere dich nicht, wenn solche Gedanken dich auch in meiner Gegenwart befallen, denn auch mich hat der Teufel versucht, als ich um deinetwillen am Kreuze hing.»

[61] Der Herr sprach zu ihr: «Je weiter du dich von aller Kreatur abscheidest, indem du deinen Trost nicht bei ihnen suchst, um so mehr wirst du dich zur unerreichbaren Höhe meiner Majestät erheben. Je mehr du dich in restloser Liebe zu den Kreaturen ausdehnst, indem du dich in Mitleid und Erbarmen weitest zu allen hin, um so schmiegender und beseligender wirst du dich zu meiner unerfaßlichen Breite ausweiten. Je mehr du aber dich selber für nichts erachtest und unter alle Kreaturen erniedrigst, desto abgründiger wirst du meiner Tiefe eingesenkt.»

DAS DAUERNDE GESPRÄCH

[62] Eines Nachts, da sie nicht schlafen konnte, sprach sie zum Herrn: «Ach, wie gut und angenehm wäre es jetzt, in dieser stillen Nachtzeit sich mit dir zu unterhalten!» Der Herr erwiderte: «Niemals kannst du in solchem Gewühl und Gedränge sein, daß, falls du dich aus ganzem Herzen mir zukehrst, du nicht sogleich in der Einsamkeit mit mir wärest...» Und sie sah sein Herz aufgetan und geweitet zur Größe zweier Handflächen; es glich einer lodernden Flamme, ohne doch äußerlich wie Feuer auszusehen; seine Farbe war wunderbar und unbeschreiblich. Der Herr sprach: «So wollte ich, daß aller Menschen Herzen in sich selber im Feuer der Liebe loderten. Ist ein Mensch allein, so soll er sein Herz immer zu Gott erheben, sich sanft mit ihm unterhalten, innig nach ihm begehren, tief nach ihm stöhnen, auf daß durch dauerndes Gespräch mit Gott sein Herz in Gottes Liebe entbrenne. Weilt er aber unter Menschen, soll er doch, so gut er's vermag, stets auf Gott achtsam sein; gern soll er über Gott mit ihnen reden und so sich selber wie die andern zur Liebe entfachen. Auch soll er alles, was er tut, für Gott zu

seinem Lobe tun; was er aber nicht tun darf oder nicht tun kann, soll er ebenso aus Liebe zu Gott gerne lassen. Und was ihm widrig ist oder schwer wird, soll er freiwillig aus Liebe zu Gott auf sich nehmen und es geduldig erleiden.»

TIEFER IN DIR ALS DU SELBST

[63] Nach einer heiligen Kommunion sah sie vor sich einen Schrein stehen, mit Gold und Edelsteinen wundersam geschmückt, inwendig hellstrahlend und in drei Fächer unterteilt. Im obern waren goldene Gefäße, im mittleren kostbare Gewänder, im untern köstliche Speisen. Der Schrein bedeutete das Menschenherz, von der Liebe zu rechtem Handeln geschmückt. Die goldenen Gefäße im obern Fach sind die Herzen der Heiligen, die bereitstanden, die Gnade des Heiligen Geistes in Empfang zu nehmen... Die Gewänder im zweiten Fach bedeuten die Werke der Menschheit Christi, [die die Menschen durch Gebet und Nachahmung anziehen sollen] ... Dann fragte sie: «Was aber besagt die Speise im untersten Fach?» Der Herr entgegnete: «Aller Gnade Geschmack und Köstlichkeit, so die Seele in dieser Zeitlichkeit aus dem Sakrament der Eucharistie empfangen kann, das alle Gnaden und allen Wohlgeschmack in sich enthält. Und jeder, der kommuniziert, speist mich und ich speise ihn.» Und die Seele: «Warum, Herr, liegt diese Speise zuunterst?» Darauf der Herr: «Weil ich tiefer unten in dir liege als all dein Innerstes in dir.»

IV

DIE OFFENE HOFFNUNG

[64] Während einer Messe «Wir sollen uns rühmen im Kreuze unseres Herrn»[1] sprach der Herr zu ihr: «Achte auf die Worte: ‚in welchem ist unser Heil, unser Leben und unsere Auferstehung'. Denn im Kreuz des Herrn ist das wahre Heil, und außer ihm ist keines.» ...Da man in der Epistel las: «Er gab ihm einen Namen, der ist über alle Namen», sprach sie zum Herrn: «Mein Herr, welcher ist dieser erhabenste Name, den der Vater dir verliehen hat?» Der Herr darauf: «Es ist der Name Salvator omnium saeculorum, Erlöser aller Weltzeiten. Denn ich bin der Erretter und Erlöser all dessen, was ist, was war und was sein wird. Ich bin der Erlöser derer, die waren, bevor ich Mensch wurde, ich bin der Erlöser derer zur Zeit, da ich als Mensch unter Menschen weilte, ich bin der Erlöser aller, die meiner Lehre gefolgt sind, und aller, die noch in meine Fußstapfen treten wollen bis ans Ende der Zeiten. Das ist mein erhabenster Name, der mir als einzigem seit Anbeginn vom Vater vorausbestimmt ward, und der über alle andern Namen hinaus ist»...

Am Mittwoch [der Karwoche], da die Messe «Im Namen des Herrn wird jedes Knie sich beugen» gesungen wurde, sprach sie zum Herrn: «O hätte ich jetzt die Macht, Himmel und Erde und Unterwelt mitsamt aller Kreatur dahinzubringen, sich dir, dem treuesten Liebhaber, ehrfürchtig zu beugen!» Der Herr erwiderte ihr gütig: «Überantworte es mir, auf daß ich es in mir selber vollbringe; denn ich umfasse und enthalte in mir jegliche Kreatur, und wenn ich mich zu Lob und Danksagung dem Vater stelle, dann kann es nicht anders sein, als daß der Mangel aller Kreatur durch mich und in mir auf würdigste Art aufgeholt sei. Auch duldet es meine Gütigkeit nicht, daß etwas von dem, was eine getreue Seele ersehnt

---

[1] Introitus der Messe am Dienstag der Karwoche, am Gründonnerstag, an Kreuzauffindung und in den Votivmessen zum hl. Kreuz.

und was sie selber nicht zu leisten vermag, unvollbracht zurückbleibe.»

ALLMÄCHTIG IN DER MENSCHHEIT

[65] Danach bat sie den Herrn, daß er mit der seligen Freude, womit er Gott dem Vater Lobpreis und Dank dargebracht, als dieser ihn mit der Unsterblichkeit der Auferstehung bedachte, auch für sie Lob sage dafür, daß auch sie einst die gleiche Unsterblichkeit in der gleichen Auferstehung empfangen sollte. Der Herr antwortete ihr: «Das tue ich für dich und für jeglichen der Meinen ebenso gerne wie für mich selber, denn ich schätze die Verherrlichung meiner Glieder nicht anders ein als meine eigene. Was immer ihnen an Ehre verliehen wird, darüber freue ich mich, als sei es an mir geschehen. Die Seele aber, für die ich, derweil sie auf Erden weilt, Lobpreis und Danksagung verrichte, wird viel Glorie und Freude im Himmel davon gewinnen.»

Als sie weiterhin überlegte, worin wohl die Verherrlichung der Menschheit Christi bestehe, die Gott der Vater seinem Sohn zuteil werden ließ, erwiderte er voller Güte: «Meines Herzens Verherrlichung war dies, daß Gott der Vater mir alle Gewalt im Himmel und auf Erden verlieh, damit ich in der Menschheit allmächtig sei so wie in der Gottheit, und belohnen, ehren, erhöhen und jegliche Liebe erweisen könnte meinen Freunden nach der gesamten Freiheit meines Willens. Die Verherrlichung meiner Augen und Ohren ist dies, daß ich alle Bedürftigkeit und Bedrängnis meiner Getreuen zu erschauen vermag bis zur letzten Tiefe, und all ihr Stöhnen und ihr Begehren und Bitten hören und erhören kann. Auch ist meinem ganzen Leib diese Herrlichkeit gegeben, daß ich, wie ich in der Gottheit allgegenwärtig bin, es auch nach der Menschheit sein kann, bei der Gesamtheit meiner

Freunde und bei jedem Einzelnen von ihnen, wo immer
ich sein will, was kein anderer, wie mächtig er auch sei,
in Ewigkeit je vermögen wird.»

SELIGE PRÄDESTINATION

[66] Da sie für eine andere betete, erhielt sie vom Herrn
diesen Bescheid: «Sie soll öfters den Vers beten: ‚Sei ge-
priesen, Adonai, am Firmament des Himmels, lobwürdig
und glorreich und hochgerühmt in Ewigkeit; der du
Himmel und Erde und Meer und alles, was darin ist, er-
schaffen hast, über alles lobwürdig und glorreich und
hochgerühmt in Ewigkeit, Alleluja.'» (Dan 3, 52f.)[1]

Und wenn ihr der Gedanke käme, sie gehöre vielleicht
nicht zu den Auserwählten, so mache sie es wie ein
Mensch, der durch eine finstere Schlucht geht: wenn er
gern die Sonne sähe, so wird er aus der Schlucht heraus
auf den Berg steigen und so der Finsternis entgehen. So
auch sie: wird sie von Nebeln der Traurigkeit umhüllt,
so steige sie auf den Berg der Hoffnung und blicke mit
den Augen des Glaubens auf mich, das himmlische Firmament, dem aller Erwählten Seelen wie Sterne einge-
fügt sind. Und wenn diese Sterne auch gelegentlich von
den Wolken und Nebelschwaden der Unwissenheit ver-
deckt werden, so können sie doch in ihrer Himmelsfeste,
das heißt in meiner göttlichen Klarheit, nicht verdunkelt
werden. Denn wenn auch die Erwählten manchmal in
große Sünden verstrickt werden, blicke ich sie doch immer in der Liebe an, in welcher ich sie auserwählt habe,
und in der Klarheit, zu der sie gelangen werden. Daher
ist es gut für den Menschen, sich oft ins Gedächtnis zu
rufen, mit welch grundloser Liebe ich ihn erwählt habe,
mit welch wundersamen und verborgenen Gerichten ich
den in der Sünde Befindlichen als einen gerechten Men-

[1] Hymnus der Laudes.

schen ansehe, und wie liebevoll seiner denkend ich alles,
auch das Schlimme, ihm in ein Gutes wende, und er preise
mich, die ewige Feste der Auserwählten. Bei dem Vers
aber ‚Preisen sollen dich alle deine Engel und Heiligen'
soll sie wünschen, daß mit ihm zusammen auch alle Engel
und Heiligen mich lobpreisen.»

DAS ENTGLEITENDE HERZ

[67] Ein andermal sagte der Herr zu ihr: «Kein Ding
freut mich so sehr als des Menschen Herz, das ich doch
selten zu Dienst gewinne. An allen Gütern bin ich überreich, ausgenommen am Herz des Menschen, das mir so
oft entgleitet.»

JUDAS' BRAUTKUSS

[68] Der Herr sprach zu ihr: «... Gedenke der Liebe,
die mich verdemütigt hat bis hinab zu jenem Brautkuß,
womit Judas herantrat und mich küßte. Bei diesem Kusse
hat mein Herz solche Liebe durchgefühlt, daß, hätte er
nur bereut, ich seine Seele kraft dieses Kusses mir zur
Braut gewonnen hätte. In jenem Augenblick nämlich hab
ich mir alle die angetraut, die ich seit Ewigkeit zur Brautschaft prädestinierte.»

GOTTES ZORN ÜBERM SOHN

[69] Sie sprach zum Herrn: «Ach, geliebter Meister und
Bruder, bitte deinen himmlischen Vater für mich.» Er
breitete seine Arme aus und sprach dieses Gebetswort:
«Auf mich ist dein Zorn übergegangen und deine Schrecknisse haben mich verstört» (Ps 87, 17). Da die Seele dies
hörte, fürchtete sie, es möchte ein Blendwerk des Teufels
sein. Doch der Herr sprach: «Ich bin der, der den Zorn

des himmlischen Vaters besänftigte und den Menschen mit Gott aussöhnte in meinem Blut. Auf mich aber ergoß sich sein ganzer Zorn, da er seines einzigen Sohnes nicht schonte, sondern mich in die Hände der Gottlosen überlieferte. Und ich habe seinen Zorn sosehr gesänftigt, daß, wenn der Mensch nur will, fortan nie mehr sein Unwille sich gegen ihn schärft.»

DAS UNBEKANNTE HEIL

[70] Von einem Frater darum gebeten, fragte sie den Herrn, wo die Seelen des Samson, des Salomon, des Origenes und des Trajan sich befänden. Darauf erwiderte der Herr: «Was meine Barmherzigkeit mit der Seele Salomons getan, das soll nach meinem Willen den Menschen verborgen bleiben, auf daß die Fleischessünden um so mehr von den Menschen gemieden werden. Und was meine Güte mit der Seele Samsons vornahm, das soll meinem Willen nach unbekannt bleiben, damit die Menschen sich desto mehr hüten, an ihren Feinden sich zu rächen. Was aber meine Freundlichkeit der Seele des Origenes getan hat, das soll nach meinem Willen verabgründet bleiben, damit keiner auf seine Wissenschaft vertrauend sich zu erheben wage[1]. Was endlich meine Freigebigkeit über die Seele des Trajan beschlossen, das sollen nach meinem Willen die Menschen nicht wissen, damit der katholische Glaube dadurch mehr erhoben werde; denn wiewohl dieser Fürst alle Tugenden besaß, entbehrte er doch des christlichen Glaubens und der Taufe.»

---

[1] Randglosse im Sankt-Galler-Kodex: «Was aber meine Güte der Seele des Aristoteles getan, das soll nach meinem Willen verborgen bleiben, damit nicht der Naturphilosoph sich weniger um das Himmlische und Übernatürliche kümmere.» – Samson gilt hier als Selbstmörder, Salomon als Unzüchtiger und Götzendiener, Origenes als hochmütiger Irrlehrer, Trajan als Heide (Gregor der Große hatte seine Erlösung aus der Hölle erbetet und in einer Vision geschaut).

[71] Einst sprach ihr Lehrer, aller Meister bester, zu ihr: «... Ich sage dir in Wahrheit, daß es mir sehr gefällt, wenn die Menschen vertrauensvoll große Dinge von mir erwarten. Denn jeder, der mir glaubt, daß ich ihm nach diesem Leben über sein Verdienst hinaus vergelten werde, und der mich entsprechend in diesem Leben lobpreist und mir danksagt, der soll mir so willkommen sein, daß ich ihm weit mehr, als er zu glauben und kühn zu erhoffen vermag, ja unendlichmal über sein Verdienst vergelten werde. Denn es ist unmöglich, daß der Mensch das nicht gewinnt, woran er geglaubt und was er erhofft hat. Und so ist es ihm nützlich, Großes von mir hoffend, mir gut zu glauben.» Und die Seele: «O Freundlichster, wenn es dir so angenehm ist, daß die Menschen dir gut glauben, so sag mir bitte, was ich deiner unaussprechlichen Güte glauben soll.» Er erwiderte: «Mit gewisser Hoffnung sollst du glauben, daß ich dich nach deinem Tode aufnehme wie ein Vater seinen geliebtesten Sohn, und daß nie ein Vater so getreu seinem einzigen Sohn das Erbteil zugeteilt hat, als ich dir alle meine Güter und mich selber mitteilen werde. Und weiterhin werde ich dich empfangen wie ein Freund den liebsten Freund, und dir solche Freundesliebe erweisen, wie je einer sie von seinem Freunde erfahren konnte. Denn nie ist ein so treuer Freund erfunden worden, daß er seinem Freund keinerlei Trug angetan hat oder hätte antun können. Ich aber, der ich treu bin und die Treue selbst, bin unfähig, je meine Freunde durch irgendeinen Trug zu täuschen. Endlich werde ich dich empfangen wie der Bräutigam seine einzig geliebte Braut, mit solchem Überschwang von Lust und solcher Fülle aller Freuden, wie nie ein Bräutigam seine Braut sanft an sich gelockt hat.»

DIE SEGENSHAND

[72]   Dann lehnte sich die Seele an die Brust ihres sie liebenden Herrn und lobte ihn aus allen ihren Kräften, Sinnen und Regungen: in ihm selbst und durch ihn selbst. Und je mehr sie, ihm anhängend, ihn lobte, desto mehr schwand sie in sich selbst zusammen und ward zu nichts. Wie schmelzendes Wachs im Feuer, so schmolz sie in sich selbst und ging über in Gott, ihm selig geeint und verkettet durch das Band unlöslicher Einung. Von da aus wünschte sie, daß alle im Himmel und auf Erden der Gnade Gottes teilhaft würden. Und so ergriff sie die Hand des Herrn und machte mit ihr ein so großes Kreuzzeichen, daß Himmel und Erde davon erfüllt schienen. Aus ihm ward die Freude der Himmlischen vermehrt, den Schuldigen Vergebung zuteil, den Trauernden Tröstung, den Gerechten wurde Stärke und Ausdauer gegeben, den Seelen am Läuterungsort Nachlaß und Erleichterung der Strafen geschenkt.

STELLENVERZEICHNIS

Die Texte sind zitiert nach der kritischen Ausgabe der Benediktiner von Solesmes (Revelationes Gertrudianae ac Mechthildianae. Band II (Paris 1887)

I. DREIFALTIGES LOB

 1: I, 31 (109–110)   2: III, 4 (199–200)   3: I, 24 (84–85)
 4: I, 34 (113)   5: I, 9 (29)   6: IV, 15 (272)
 7: III, 7 (205–206) 8: I, 34 (113–114)   9: I, 44 (118)
10: I, 33 (111–112) 11: IV, 9 (266–267)   12: II, 41 (188–189)
13: IV, 22 (279)   14: I, 27 (95–97)

II. DAS WANDLUNGSWUNDER DER LIEBE

15: I, 1 (7–9)   16: III, 35 (239–240)   17: III, 31 (236)
18: II, 21 (158–159)   19: II, 36 (183–184)   20: IV, 3 (260)
21: III, 14 (212–213) 22: IV, 48 (309–310)   23: IV, 38 (296–297)
24: II, 40 (188)   25: IV, 29 (287)   26: IV, 15 (271–272)
27: II, 15 (149)   28: III, 36 (240–241)   29: III, 23 (226)
30: I, 11 (34–36)   31: II, 24 (166–167)   32: II, 26–29 (170–174)

III. DES CHRISTEN HEILIGE LAST

33: I, 5 (16–18)   34: IV, 56 (208)   35: I, 21 (76–77)
36: III, 27 (230–231)   37: I, 10 (31–33)   38: II, 16 (149–150)
39: III, 49 (250–251)   40: III, 19 (221)   41: III, 44 (246–247)
42: III, 2 (197–198)   43: II, 2 (138–139)   44: IV, 13 (269)
45: IV, 37 (296)   46: IV, 32 (290–291)   47: III, 15 (214–215)
48: III, 51 (253–254)   49: III, 21 (224)   50: II, 2 (137–138)
51: III, 11 (210–211)   52: IV, 26 (283)   53: II, 39 (187)
54: IV, 30 (287–288)   55: II, 11 (145)   56: III, 46 (249)
57: IV, 43 (300)   58: IV, 51 (305)   59: II, 13 (145–147)
60: II, 16 (145–146)   61: II, 34 (179–180)   62: III, 10 (209–210)
63: III, 28 (231–232)

IV. DIE OFFENE HOFFNUNG

64: I, 16 (48–49)   65: I, 19 (67–68)   66: IV, 23 (281)
67: IV, 54 (306)   68: III, 1 (196)   69: I, 9 (30)
70: V, 16 (344)   71: III, 5 (201–202)   72: II, 35 (182–183)

NACHWORT

Seit der ersten Ausgabe dieses Büchleins sind mehr als dreißig Jahre vergangen. Viel Neues hat sich in dieser Zeit, Mechthild von Hackeborn betreffend, nicht ereignet. Das Wichtigste wird in dem ausgezeichneten Artikel von Alois M. Haas verzeichnet: «Mechthild von Hackeborn. Eine Form zisterziensischer Frauenfrömmigkeit» (erstmals in K. Elm, Hg., «Die Zisterzienser. Ordensleben zwischen Ideal und Wirklichkeit», Ergänzungsband, Köln 1982, 221–239, veröffentlicht, dann aufgenommen in den Sammelband «Geistliches Mittelalter», Universitätsverlag Freiburg/Schweiz, «Dokumentation» 8, 1984, 373–391). Außer der in der Einleitung meiner kleinen Auswahl genannten Literatur werden nur wenige Veröffentlichungen erwähnt: R. L. J. Bromberg, Het Boek der bijzondere genade van Mechtild van Hackeborn (Zwolse drukken en herdrukken voor de maatschappij der nederlandse letterkunde te Leyden, nr. 51) Zwolle o. J. (1965) und Th. A. Halligan, The Book of Gostlye Grace by Mechthild of Hackeborn (Toronto 1979), M. Schmidt, Mechthilde de Hackeborn, in: Dictionnaire de Spiritualité X (Paris 1980) 873–777. Dazu ein paar neue Studien zur Herz-Jesu-Verehrung im Mittelalter, vor allem C. Vagaggini, La dévotion du Sacré-Cœur chez Ste Mechthilde et Ste Gertrude, in: Cor Jesu 2 (Rom 1959) 31–48.

Die Studie von Alois M. Haas, die im ganzen die kurzen Ausführungen unserer Einleitung bestätigt, ist in ihren ausweitenden Aspekten wertvoll. Genauer als wir beschreibt sie zunächst die Entstehung des Buches: die geheime Niederschrift durch Gertrud und eine andere Mitschwester, was Mechthild vom Herrn offenbart wird, ihre Anerkennung des Aufgezeichneten, dessen Erstredaktion sie nach etlichen Korrekturen approbiert, wobei sie betont, «daß das im Buch Geschriebene wenig ist im Vergleich zum Ausgelassenen, das sie ‚auf keine Art euch hätte erklären können'». Eine der Schreiberinnen gesteht selbst, die beiden Aufzeichnenden hätten ihrerseits «noch vieles beifügen können, das sie weggelassen haben; sie hätten sich beschränkt auf das ‚zu Gottes alleiniger Ehre und zum Nutzen der Mitmenschen' eindeutig Eingrenzbare». Haas beschränkt sich darauf, die großen Linien der Mechthildschen Spiritualität herauszuarbeiten: einmal die «naive», das heißt unreflektierte Art ihrer Visionen, die sich durch ihre geistliche Sinnenhaftigkeit auszeichnen, wie es einer inkarnatorisch zentrierten Mystik zukommt, die Einbeziehung der gesamten durch Christi Leiden erlösten Menschheit, ja des ganzen Kosmos in ihre Schau und in das Gott dargebrachte Opfer, die überbordende Fülle von bildhaften Gleichnissen, um den Austausch zwischen der überschwenglichen Liebe Gottes und der in diesem Überschwang einbezogenen Antwort der Kreatur zu schildern. In dem großen «Wir» der Gemeinschaft der Heiligen geht das Ich nicht verloren; wie später einer Marie de l'Incarnation wird auch Mechthild von Christus gesagt: «Meine Erlösung soll jeder so annehmen, als ob ich sie allein um seines Heiles willen gelitten hätte.» Und für die Seele ist gerade dieser Geschenkcharakter der Gnade die höchste Beglückung: «Mein Herr, die kleinste Gabe, mir von Dir umsonst verliehen, rechne ich höher und nehme sie lieber an, als wenn ich die Verdienste aller Heiligen mit den größten Tugenden und Arbeiten verdienen könnte.» Dabei wird ihr aber auch das Ergänzende gezeigt, daß alles menschliche Leiden in Christi Passion miteinbezogen wird, um daraus eine einzige Verherrlichung des Vaters zu machen. Alois M. Haas betont deshalb abschließend die «kosmokratische Rolle Christi» gerade von seiner Passion und seiner alles Fehlende ergänzenden Leidensleistung her, welcher «radikalen Christozentrik» eine ebenso «kompromißlose Ekklesiologie» entspreche. «Großartiger und gleichzeitig liebevoll kindlicher ist Rechtfertigung der ganzen Schöpfung nicht mehr zu denken.»